CHRISTOPH BAUSENWEIN

Das große Buch vom Frauenfußball

Der Autor

Christoph Bausenwein veröffentlichte im Verlag Die Werkstatt einige viel beachtete Bücher, zuletzt über den Bundestrainer *(Joachim Löw und sein Traum vom perfekten Spiel).* Zugleich verfasste er Kinderbücher zum Thema Fußball, unter anderem über zahlreiche Bundesliga-Vereine und die deutsche Männer-Fußballnationalmannschaft.

Bildnachweis

Getty Images: 20, 36u, 54or, 55, 56u, 59u, 60o, 63o, 81 (2), 83 (2), 85o, 90o, 93o
Imago Sportfoto: 6, 7 (2), 8 (3), 9 (3), 11, 21u, 24r, 25 (3), 26u, 27 (2), 28 (2), 29 (2), 30 (2), 31, 32, 33 (2), 34o, 35 (2), 36o, 37 (2), 38, 39 (2), 40, 41 (2), 42 (2), 43 (2), 46, 47 (2), 49 (3), 51, 56, 53l, 57, 60u, 61 (2), 62 (2), 63 (2), 64 (3), 65 (3), 66 (2), 67 (4), 68 (2), 69o, 70, 71 (2), 72, 73 (4), 74 (3), 75 (4), 76 (2), 77 (3), 79, 80, 81o, 82u, 84 (2), 85u, 86, 87 (3), 89ul, 90u, 91 (2), 92, 93 (2), 94, 95
Fotoagentur Horst Müller: Cover (1), 65 (1), 66o, 69u, 73 (2), 77 (2), 89o
picture alliance / dpa: Cover (8), 2/3, 5, 18or,19 (2), 23, 24m, 34u, 52 (2), 54 (2), 56o, 58, 59o, 75or, 88, 89ur, Rückseite
Archiv des Autors: 12 (2), 13 (3), 14 (2), 15 (2), 16 (3), 17 (3), 18ol, 19ol, 53r
Sigrun Bönold: 58/59o; Archiv Maria Breuer: 26o; Fotolia: Cover (1), 4/5, 44/45; Tele Monte Carlo: 82o; Archiv Fips Scheidt: 20/21, 21o; Archiv des Verlags: 15ul, 24l

Literatur

Wenn ihr noch mehr über Frauenfußball erfahren wollt, dann schaut doch in das Buch von Rainer Hennies und Daniel Meuren: *Frauenfußball – aus dem Abseits in die Spitze* (Göttingen 2011). Viele Infos zum Frauenfußball findet man auch auf www.dfb.de.

Bibliografische Information der Deutschen Nationalbibliothek:
Die Deutsche Nationalbibliothek verzeichnet diese Publikation in der Deutschen Nationalbibliografie; detaillierte bibliografische Daten sind im Internet über http://dnb.d-nb.de abrufbar.

Lotzestraße 22a, D-37083 Göttingen
www.werkstatt-verlag.de

Satz und Gestaltung: Verlag Die Werkstatt
Covergestaltung: www.vogelsangdesign.de
Druck und Bindung: Grafisches Centrum Cuno, Calbe

ISBN 978-3-7307-0005-1

Inhalt

Ausgelassener Jubel: Birgit Prinz und ihre Nationalmannschafts-Kameradinnen feiern 2007 ihren zweiten WM-Titel.

Der Fußball ist für alle da!

Bei der Frauenfußball-Weltmeisterschaft 2011 in Deutschland waren die Stadien voll. Bis zu 18 Millionen Zuschauer schalteten gleichzeitig den Fernseher ein, um den Frauen beim Fußball zuzugucken. Es war alles zu sehen, was man vom Männerfußball kennt: Kampf und Athletik, technische Finessen, taktische Disziplin und kreative Spielideen. Auch wenn es dann zum Titel nicht gereicht hat, bleibt die deutsche Frauen-Nationalmannschaft, die zweimal Weltmeister und bis 2009 siebenmal (!) Europameister wurde, doch eine der erfolgreichsten weltweit. Jeder kennt die großen Stars: Birgit Prinz, die dreifache Weltfußballerin, Rekord-Nationalspielerin und Rekord-Torschützin; Nia Künzer, die im WM-Endspiel 2003 das „Golden Goal" köpfte und damit den deutschen Frauen den ersten WM-Titel bescherte; Nadine Angerer, den weiblichen „Torwart-Titan", die bei der WM 2007 in China in allen Spielen ohne Gegentreffer blieb; oder die elegante Lira Bajramaj, eine Frau mit perfekter Balltechnik, die bestimmt auch als Model auf einem Laufsteg eine gute Figur machen würde.

In Anbetracht des heutigen Erfolges ist es kaum zu glauben, wie schwer es die Fußball-Frauen hatten, bis sie endlich anerkannt wurden. Erste Frauenfußball-Mannschaften gab es in England zwar schon vor 1900. Doch die meisten Männer, die vom harten Kampf ums runde Leder schwärmten, hielten damals gar nichts von weiblichen Balltreterinnen. Ihr Widerstand verhinderte, dass der Frauenfußball sich verbreiten konnte. Der Deutsche Fußball-Bund (DFB) verbot seinen Vereinen sogar noch vor 50 Jahren, Frauen-

Die ersten Deutschen Meisterinnen: das Team des TuS Wörrstadt nach dem Finalsieg 1974.

Ein Bild, das um die Welt ging: die Amerikanerin Brandi Chastain nach ihrem entscheidenden Elfmeter im WM-Finale 1999 gegen China.

abteilungen zu gründen und Plätze für Frauenteams zur Verfügung zu stellen. Dennoch entdeckten immer mehr Frauen den Fußball für sich.

Dieses Buch schildert, wie sich der einst belächelte Frauenfußball zu einem Sport entwickelte, der heute in fast allen Ländern gesellschaftlich akzeptiert ist. Natürlich erzählt es auch die sagenhafte Erfolgsgeschichte der deutschen Frauen-Nationalmannschaft und ihrer Heldinnen. Darüber hinaus berichtet es ausführlich über die Wettbewerbe des Frauen-Vereinsfußballs, der ja leider immer noch etwas im Schatten steht. Kurzum: ein spannender Stoff, prall gefüllt mit unglaublichen Geschichten, großen Tragödien und tollen Triumphen.

Viel Spaß beim Lesen!

„FUSSBALL MAG EIN DURCHAUS PASSENDES SPIEL FÜR HARTE MÄDCHEN SEIN, ALS SPIEL FÜR FEINSINNIGE KNABEN IST ER WOHL KAUM GEEIGNET."
Oscar Wilde, irischer Schriftsteller (1854 – 1900)

„IN DER JUGEND SPIELTE ICH STETS MIT JUNGS ZUSAMMEN UND ERKANNTE: DIE SIND AUCH NICHT BESSER ALS ICH."
Birgit Prinz, Weltfußballerin

„ICH HABE GESAGT: WAS DIE MÄNNER KÖNNEN, KÖNNEN WIR AUCH."
Lotte Specht, 1930 Gründerin des 1. Deutschen Damen Fußball-Club (DDFC)

„AN SICH BIN ICH GEGEN DAMENFUSSBALL. ES GIBT SO VIELE SCHÖNE SPORTARTEN. WARUM AUSGERECHNET FUSSBALL FÜR DIE DAME?"
Berti Vogts, Fußball-Weltmeister von 1974 und ehemaliger Bundestrainer

„FRAUEN LIEBER KO
STATT KIC
Gerd Müller,
Weltmeister
und „Bombe

Zeittafel

1860 · 1870 · 1880 · 1890 · 1900 · 1910 · 1920 · 1930 · 194

1863 Gründung des englischen Fußballverbandes

1872 Erstes Pokalendspiel in England

1885 Erste Profis in England

1888 Gründung der englischen Liga

1888 Gründung von Germania 1888 in Berlin (ältester heute noch bestehender deutscher Fußballverein)

1894 Gründung des „British Ladies' Football Club" in London

1900 Gründung des DFB in Leipzig

1903 VfB Leipzig erster Deutscher Meister

1917 Gründung des „Dick, Kerr Ladies' F.C." in Preston, England

1919 Frauenfußball-Meisterschaft in Paris

1921 Gründung der „English Ladies' Football Association"

1930 Erste Weltmeisterschaft in Uruguay

1930 Gründung des ersten „Damen-Fußball-Clubs" in Frankfurt

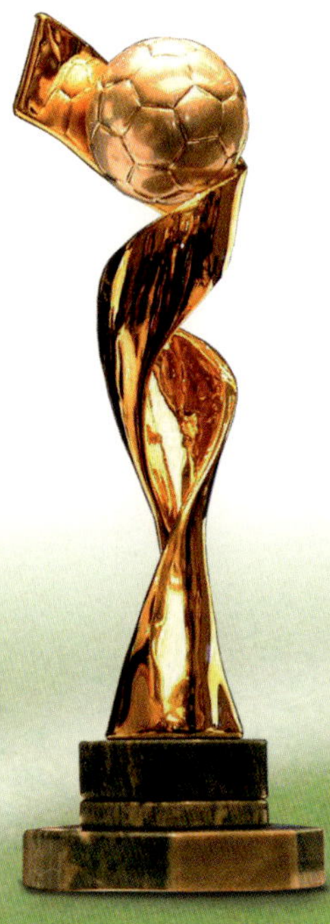

Der Weltmeister-Pokal

Der alte EM-Pokal: Nachdem die deutschen Fußball-Frauen dreimal Europameister geworden waren, durfte der DFB die Trophäe für immer behalten.

Der neue EM-Pokal, versehen mit einer schwarz-rot-goldenen Schleife, denn schließlich haben die Deutschen auch diesen schon zweimal seit seiner Einführung 2005 geholt.

EN
…ll-
…74
…ation“

„Die Frauenfußball-Nationalmannschaft ist ja schon Weltmeister, und ich sehe keinen Grund, warum Männer nicht das Gleiche leisten können wie Frauen.“
Bundeskanzlerin Angela Merkel vor der Männer-WM 2006

„Was Besseres als Fußball gibt es nicht!“
Lore Barnhusen, 16-jährige Teilnehmerin des ersten inoffiziellen Frauen-Länderspiels 1956 in Essen

„Fussball ist kein Frauensport. Wir werden uns mit dieser Angelegenheit nie ernsthaft beschäftigen.“
Peco Bauwens, DFB-Präsident 1949 – 1962

„Es gibt keinen Ball, auf dem steht, dass er nur für Jungen ist.“
Theo Zwanziger, DFB-Präsident 2004 – 2012

1950 – 1960 – 1970 – 1980 – 1990 – 2000 – 2010

1955 Verbot des Frauenfußballs durch den DFB

1956 Erstes Europapokal-Endspiel

1963 Einführung der Bundesliga

1970 Offizielle Zulassung des „Damenfußballs“ durch den DFB

1974 TuS Wörrstadt erster offizieller Deutscher Meister im Frauenfußball

1981 Erstes Frauen-Endspiel im DFB-Pokal

1982 Erstes offizielles Länderspiel der deutschen Frauen

1984 Erste offizielle Frauen-Europameisterschaft

1990 Einführung der Frauen-Bundesliga

1991 Erste offizielle Frauen-WM in China

1993 Einführung einer Frauen-Spielzeit von 2 x 45 Minuten

2002 Erstes Europapokal-Endspiel der Frauen

Die Gewinnerinnen der Women's Champions League dürfen sich über diesen Pokal freuen.

Wie bei den Männern erhält auch der Deutsche Meister bei den Frauen eine Schale.

Zur neuen Final-Spielstätte Köln gab's auch einen neuen Pokal: der DFB-Pokal seit 2010.

HONEYBALL, LADIES UND VERBOTE

Die Geschichte des Frauenfußballs bis 1974

Nettie Honeyball, Pionierin des Frauenfußballs im England der 1890er Jahre.

1894 Erster Frauenfußball-Verein in London

Als im Jahr 1863 vom englischen Fußballverband die Regeln des Fußballs für Männer festgelegt wurden, gab es nur vereinzelt Mädchen und Frauen, die Fußball spielten. Da sie sich nicht organisierten, nahmen die Männer von ihnen kaum Notiz. Das änderte sich in den 1890er Jahren, als in Glasgow und London erste öffentliche Spiele von Frauen stattfanden.

Szene aus dem Training der „British Ladies" in Hornsey im Norden von London.

Nettie Honeyball gründete 1894 in London den ersten Verein für Frauenfußball: den „British Ladies' Football Club". Die Pionierin warb nicht nur um Spielerinnen, sondern äußerte sich auch in Interviews zu ihrem Projekt. Denn es ging ihr nicht nur um den Fußball, sondern um die Rechte der Frauen ganz allgemein. Damals durften Frauen ja noch nicht einmal zur Wahl gehen. Und so kämpften Honeyball und ihre Mitstreiterinnen für die rechtliche Gleichstellung der Frauen in der Politik ebenso wie für das Recht, ihren Sport frei wählen zu dürfen.

1895 Das erste öffentliche Frauen-Fußballspiel

Nachdem sie genügend Spielerinnen zusammengetrommelt hatte, überredete Nettie Honeyball einen ehemaligen Spieler des Profiklubs Tottenham Hotspur, ihren Mitstreiterinnen die Grundlagen des Spiels beizubringen. Rund 30 Frauen kamen zweimal in der Woche zum Training in einen Park im Norden von London. Für Trainingsspiele wurde die Gruppe nach den Wohnorten in zwei Teams eingeteilt.
Am 23. März 1895 fand das erste Spiel in Crouch End statt. Rund 10.000 Zuschauer und viele Journalisten waren anwesend, um „Rot" gegen „Blau" bzw. Nord-London gegen Süd-London spielen zu sehen. Das Spiel endete mit 7:1 für den Norden. Die meisten Männer waren allerdings kaum am Spiel und dessen Ergebnis interessiert. Das Hauptthema in den Berichten war die Spielkleidung der Frauen. Sie trugen Hütchen auf den Köpfen, hoch geschlossene Blusen sowie Röcke über den Knickerbockern, die Schienbeine

waren mit dicken Schonern gepolstert. Die dicke Vermummung war damals nötig, da Frauen stets „anständig" gekleidet sein mussten.
Von der Qualität des gebotenen Spiels zeigten sich die meisten der männlichen Beobachter wenig begeistert. Ein guter Fußballer, mokierte sich ein Zeitungsreporter, benötige Schnelligkeit, Urteilsvermögen, Können und Mut – doch diese Frauen seien nur ziellos und plump über das Feld getrabt.

Englische Damen beim Fußballspiel. Zeichnung zum Spiel in Crouch End, 23. März 1895.

1902 Frauenfußball-Verbot in England

Beflügelt von dem erstaunlichen Zuschauerinteresse veranstaltete Honeyball weitere Spiele, um Geld für wohltätige Zwecke zu sammeln. Die Tournee führte die „Ladies" über Brighton bis in den Norden Englands. Die ersten dieser Spiele, die eher als lustige Zirkusveranstaltungen und nicht als richtiger Sport wahrgenommen wurden, waren noch gut besucht. Doch als die Frauen-Fußball-Show keine Sensation mehr war, kamen immer weniger Zuschauer. Und so war es mit dieser ersten Blüte des Frauenfußballs schon bald wieder vorbei. Gleichzeitig nahm der Widerstand der Männer gegen die Mädchen und Frauen, die ernsthaft kicken wollten, immer mehr zu. Nur richtige Kerle sollten den als „rau und männlich" geltenden Kampfsport Fußball ausüben dürfen. Schließlich verbot der englische Fußballverband im Jahr 1902 seinen Vereinen, Frauen auf ihren Sportplätzen Fußball spielen zu lassen.

Daisy Allen – der erste Star
In der Regel spöttelten die Sportjournalisten über die Vorstellungen der „British Ladies", doch einige zeigten sich auch überrascht vom Können einer jungen Stürmerin. Das sei ein „kleiner Kobold mit vier Beinen", schrieb einer. Und ein anderer notierte, dieses beherzte Mädchen habe seine viel größeren Gegnerinnen nicht nur mutig attackiert, sondern im Gegensatz zu den meisten anderen auch gezeigt, dass es die Grundlagen des Spiels beherrsche. Laut dem Artikel war die junge Dame, Daisy Allen, gerade mal elf Jahre alt.

Fußballmädchen. Postkarte von 1906.

Das Nord-Team vom 23. März 1895. Obere Reihe, 2.v.r.: Nettie Honeyball.

Die Mannschaft des „Dick, Kerr's Ladies F.C.".

Lily Parr
Neben der Torjägerin Florrie Redford war die auf Linksaußen spielende Lily Parr der Star der „Dick, Kerr's Ladies". Die kräftige, über 1,80 Meter große Spielerin war schnell, aggressiv und trickreich. Sie glänzte zudem mit punktgenauen Pässen und genau getimten Vorlagen. Ecken und Flanken zirkelte sie perfekt in den Strafraum, mit ihrem linken „Hammer", der so hart war wie der Schuss eines Mannes, erzielte sie aus allen Lagen viele Tore.

1917 Der „Dick, Kerr's Ladies F.C."

Nach dem Ausbruch des Ersten Weltkriegs im Jahr 1914 wurden die meisten arbeitsfähigen englischen Männer an die Front geschickt. Jetzt mussten die Frauen das tun, was zuvor die Männer getan hatten: nämlich schwere Arbeiten in den Fabriken verrichten und komplizierte Maschinen bedienen. Die Frauen wurden dadurch selbstbewusster. Kein Wunder, dass sie sich bald schon im „Männersport" ausprobierten. Die jungen Arbeiterinnen und Arbeiter der Eisenbahn- und Munitionsfabrik „Dick, Kerr" im nordwestenglischen Preston schossen beispielsweise in ihren Arbeitspausen Fußbälle auf die Fenster des Toilettentraktes. Schnell kam es zu Wettkämpfen zwischen den Geschlechtern. Der Siegespreis unterschied sich: eine Schachtel Zigaretten für die Männer, eine Tafel Schokolade für die Frauen.
Der Angestellte Alfred Frankland, der diese Spiele vom Büro aus beobachten konnte, begeisterte sich für die Sache. Im Herbst 1917 wurde er der Manager der Frauen und organisierte richtige Spiele. Am ersten Weihnachtsfeiertag desselben Jahres traten die „Dick, Kerr's Ladies" vor 10.000 Zuschauern zu einem Wohltätigkeitsspiel gegen die Frauenmannschaft einer Eisengießerei an und gewannen mit 4:0. Rasch kam es zu weiteren Spielen, denn in ganz England wurden jetzt Frauenteams gegründet, die Benefizspiele veranstalteten. Da die meisten aus kriegswichtigen Industrien stammten, bezeichnete man diese Teams als „Munitionettes". Als der Krieg 1918 endete, produzierten sie dann zwar keine Munition mehr, spielten aber weiterhin Fußball.

1920 Erstes Länderspiel und Zuschauerrekorde

Inzwischen hatten sich auch im restlichen Europa, vor allem in Frankreich, einige Frauenteams gebildet. Im Frühjahr 1920 lud Manager Frankland eine französische Auswahl nach England ein, wo sie vier „Länderspiele" gegen die „Dick, Kerr's Ladies" austrug. Das erste Spiel vor 25.000 Besuchern am 30. April im Deepdale, dem Stadion von Preston Northend, gilt als das erste inoffizielle Frauen-Länderspiel. Es endete 2:0 für die Gastgeber.

Am 26. Dezember gab es im restlos ausverkauften Goodison Park, der berühmten Heimstätte des FC Everton in Liverpool, einen neuen Rekordbesuch. Über 53.000 Zuschauer sahen ein klares 4:0 der „Dick, Kerr's Ladies" gegen die „St. Helens Ladies", die nach zahlreichen Siegen den Anspruch erhoben hatten, das beste Frauenteam zu sein.

LADIES' FOOTBALL MATCH
to be played on
TOWN GROUND, Park Road,
On SATURDAY, SEPT. 18th, 1920.
...Kick off at 5 p.m....

ST. HELENS LADIES
VERSUS
DICK KERR'S LADIES

Admission 1s. incl. tax.
Dont miss this opportunity of seeing the Lady Footballers before their visit to France.

ARTHUR HOLLAND, Printer, Duke Street

Eintrittskarte von 1920.

1921 Das Ende des Frauenfußball-Fiebers in England

Im Jahr 1921 war der Frauenfußball in England auf einem Höhepunkt. Insgesamt etwa 150 Frauenfußball-Teams sorgten für einen regen Spiebetrieb. Die Zuschauer strömten vor allem dann, wenn die als nahezu unbesiegbar geltenden „Dick, Kerr's Ladies" antraten. 1921 bestritten sie 67 Spiele, weitere 121 Einladungen mussten sie ablehnen. Nun wurde es den Männern im englischen Fußballverband allmählich zu viel. Im Dezember desselben Jahres verboten sie den Vereinen, ihre Sportstätten weiterhin den Kickerinnen zur Verfügung zu stellen. Die Begründung: Das Fußballspiel sei für Frauen grundsätzlich ungeeignet. In Wahrheit passte es den Männern ganz offensichtlich nicht, dass die Frauen inzwischen fast mehr Fans hatten als männliche Profis. Die Fußballerinnen spielten dennoch weiter, aber kickende Frauen wurden jetzt zu einer Randerscheinung.

Einnahmen für einen guten Zweck

Die Einnahmen der Spiele der „Munitionettes" kamen in der Regel arbeitslosen und kriegsversehrten Soldaten zugute. Das Rekordspiel 1920 im Goodison Park erbrachte 3.000 Pfund – was heute rund 750.000 Euro wären. Für Schlagzeilen sorgte das Gerücht, dass die Spielerinnen selbst Geld einstecken würden. Bewiesen wurde das nie, aber es gab den Männern des englischen Fußballverbandes einen weiteren Grund, gegen den Frauenfußball vorzugehen.

Freundschaftliche Geste vor dem Spiel.

Der Wallsend Slipway Ladies F.C., die Mannschaft einer Werft in der Nähe von Newcastle, mit seinem stattlichen männlichen Trainer (1918).

„Mannequins“ gegen Arbeiterinnen
Im Herbst 1920 machten die „Dick, Kerr's Ladies“ eine Tour durch Frankreich, um den Besuch der Französinnen vom Frühjahr zu erwidern. Im ersten Spiel erreichten die Gastgeberinnen in Paris vor 22.000 Zuschauern ein 1:1. Dieses Ergebnis beruhte – genauso wie der französische 2:1-Erfolg im Frühjahr in London – nicht nur auf Zufall. Denn die von den nordenglischen Arbeiterinnen zunächst als „Mannequins“ bespöttelten Französinnen waren durchaus spielstark und zeigten dies auch bei den Länderspielen in den folgenden Jahren.

Zeichnung zum Frauenfußballspiel Fémina gegen Cadettes de Gascogne, Frankreich 1923.

Ankündigung eines Länderspiels Frankreich gegen England, 1. November 1920.

1920er Jahre Frauenfußball-Meisterschaften in Frankreich

Nicht nur in England, auch in Norwegen, Schweden und Frankreich, dort insbesondere in Paris, wurde bereits gegen Ende des Ersten Weltkriegs von Frauen Fußball gespielt. Im Unterschied zu England waren bei Klubs wie Fémina Paris keine Arbeiterinnen am Ball, sondern vor allem bessergestellte Frauen aus dem Bürgertum. Als Feministinnen kämpften sie für Frauenrechte, als Fußballerinnen aber wollten sie auch fesch aussehen. Ihren Sport betrieben sie mit großem Ehrgeiz, bereits ab 1919 wurde eine Meisterschaft im Frauenfußball durchgeführt. Trotzdem war der Frauenfußball bereits nach wenigen Jahren wieder fast völlig verschwunden. Schuld daran war einerseits die Empörung der Männer über die „jungenhaften“ Spielerinnen. Andererseits aber hatte auch bei den Frauen selbst die Begeisterung nachgelassen.

Szene aus dem Spiel Fémina gegen Academia, Paris 1920.

1930 Gründung des ersten Frauenfußball-Klubs in Deutschland

Als der Frauenfußball in anderen europäischen Ländern in den 1920er Jahren einen ersten Höhepunkt erreichte, war er in Deutschland noch kaum bekannt. Zwar kam auch hier der Sport für Frauen in Mode, allerdings durfte das „schwache Geschlecht“ nur angeblich passende Sportarten wie Gymnastik, Tennis, Schwimmen und ein bisschen Leichtathletik ausüben. Der Fußball blieb eine Männersache, in den Großstädten versuchten sich lediglich einige Studentinnen im Spiel mit dem runden Leder.

Die erste Pionierin, die ihre Fußballbegeisterung erfolgreich in die Tat umsetzen konnte, war die Metzgerstochter und spätere Kabarettistin Lotte Specht. Im Jahr 1930 suchte sie in Frankfurt

Nr. 12, 27. März 1930
Frankfurter Illustrierte

FRANKFURT AM MAIN

Preis 20 Pfennig
Achtzehnter Jahrgang

Das Illustrie Blatt

DAMEN-FUSSBALL
DIE SPIELFÜHRERIN DES ERSTEN DEUTSCHEN KLUBS
ZU UNSEREM ARTIKEL AUF SEITE 299 UND 300. IM KREIS: KAMPF UM DEN BALL

Lotte Specht 1930 auf dem Titel von Das Illustrierte Blatt.

Seite 300 Nr. 12

paßt — oder ergibt sich ein disharmonisches Bild?

Die Erfahrung lehrt, daß das weibliche Geschlecht sich nach und nach alle von ihm ergriffenen Sportzweige hart erkämpfen mußte und daß jedesmal dieselben Argumente gegen die „unerhörte Geschmacklosigkeit" laut wurden. Heute fordern die Gegner, daß der Damenfußball sich niemals zum Kampfspiel vor Publikum entwickeln darf. Und doch gibt es längst Handball- und Hockey-Begegnungen der Damen

Torschuß.

vor großem Publikum, Spiele, die unbedingt ein ebenso starkes Kampfmoment aufweisen wie Fußball, während bei Hockey z. B. die Verletzungsgefahr noch größer ist!

Fußball und Rugby sind natürlich die härtesten Kampfspiele, die wir auf dem Rasen kennen. Wir dürfen aber nicht vergessen, daß die harte Form dieser Spiele bisher typisches Männerhandwerk betraf und von ihm herrührt. Es ist durchaus nicht notwendig, daß die Damen

dies einfach nachahmen, das ist schon rein konstitutionell ausgeschlossen. Vielmehr können wir mit Gewißheit darauf rechnen, daß das weibliche Geschlecht dem Fußballsport ebenso eine sanfte Abwandlung geben wird, wie dies bei den

anderen o…
Fall war. …
Unterschi…
Schwer- …
seits) in d…

Das Illustrierte Blatt

Der erste Deutsche Damen-fußball-Klub

Bild-Bericht von P. E. Hahn

Artikel zum „ersten Deutsche Damen Fußball-Klub" in Das Illustrierte Blatt, *27. März 1930.*

per Zeitungsanzeige Gleichgesinnte – und hatte Erfolg. Als sich die ersten Frauen gemeldet hatten, gründete sie den „1. Deutschen Damen-Fußball-Club" (DDFC). Unter Anleitung eines männlichen Trainers übten die Frauen jeden Sonntag auf der Seehofwiese in Frankfurt-Sachsenhausen. Mangels Gegnerinnen mussten die knapp 40 Frauen des Vereins Wettspiele unter sich austragen.

Der 1. DDFC scheiterte schließlich am Widerstand der Männer. In der Presse wurde das Treiben der Frauen als „skandalös" verurteilt. Und am Rande des Trainingsplatzes spotteten, lachten und pöbelten die Zuschauer, einige warfen sogar mit Steinen. Lotte Specht suchte nach Unterstützern, schrieb auch an den Deutschen Fußball-Bund – doch es fand sich kein Mann, der den kickenden Frauen helfen wollte. So musste der Verein nach nur einem Jahr wieder aufgelöst werden.

1933 – 1945
Mutterschaft statt Ballbeherrschung

Nur zwei Jahre später kamen die Nationalsozialisten an die Macht. Die hielten zwar viel von Sport, aber Fußball spielende Frauen entsprachen ihrer Vorstellung von Weiblichkeit überhaupt nicht. Frauen sollten vor allem Kinder gebären und gute Mütter sein. Zu weiteren Versuchen, einen Frauenfußball-Verein zu gründen, konnte es daher nicht kommen. In Österreich, wo sich in den 1920er Jahren einige Damen-Fußballklubs gegründet hatten, wurde der Frauenfußball nach dem „Anschluss" an Nazi-Deutschland im Jahr 1938 ebenfalls verboten.

„Unnatürlicher" Frauenfußball

Selbst in wissenschaftlichen Werken wurde der Frauenfußball strikt abgelehnt. Willy Vierath zum Beispiel schrieb in seinem 1930 erschienenen Buch *Moderner Sport*: „Alle Sportarten, welche die natürlichen Kräfte der Frau übersteigen, wie Ringen, Boxen oder Fußball, sind ungeeignet und wirken außerdem unästhetisch und unnatürlich."

„Unweibliches“ Treten

In seiner Ablehnung des Frauenfußballs berief sich der DFB unter anderem auf Ansichten des niederländischen Psychologen Frederik J.J. Buytendijk (Foto). Der schrieb 1953, dass das mit einer „starken Beinspreizung“ verbundene Fußballspiel „das Gegenteil der Bedeutung des weiblichen Rocks“ beinhalte. Es müsse daher immer eine „Demonstration der Männlichkeit“ bleiben. „Das Treten ist wohl spezifisch männlich, ob darum Getretenwerden weiblich ist, lasse ich dahingestellt. Jedenfalls ist das Nichttreten weiblich.“

1955 Verbot des Frauenfußballs durch den DFB

Im Jahr 1954 jubelte ganz Deutschland, als die Nationalmannschaft der Männer erstmals Weltmeister wurde. Auch Frauen begeisterten sich. Vor allem im Ruhrgebiet, wo bereits viele Frauen Fußball spielten, entstanden zahlreiche neue „Damenklubs“ (von Frauen sprach man erst später). Die Männer beim Deutschen Fußball-Bund hielten jedoch nicht viel davon, im Gegenteil. Im Juli 1955 verbot der DFB seinen Vereinen, Frauenabteilungen zu gründen oder den „Damenmannschaften“ Sportstätten zur Verfügung zu stellen. In der Begründung hieß es unter anderem, dass der Kampf um den Ball für Frauen nicht schicklich und außerdem gesundheitsschädlich sei. Einige Frauen wollten sich jedoch das Fußballspielen nicht verbieten lassen. Vor allem im Ruhrgebiet bildeten sich zahlreiche „wilde“ Vereine, die nun selbst Spiele organisierten.

Vor dem Anpfiff des ersten Länderspiels einer deutschen Frauenmannschaft am 23. September 1956. Vor 18.000 Zuschauern im Essener Mathias-Stinnes-Stadion gewann Deutschland mit 2:1 gegen Holland.

1956 Erstes inoffizielles Damen-Länderspiel

Unabhängig vom DFB wurden bald auch etliche öffentliche Frauenfußball-Spiele veranstaltet. Der Kaufmann Willi Ruppert gründete 1956 einen Westdeutschen Damen-Fußballverband, dem sich mehr als 20 Vereine anschlossen und der schließlich sogar Länderspiele austrug. Am 23. September 1956 trat die Auswahl dieses Verbandes vor 18.000 Zuschauern im Essener Mathias-Stinnes-Stadion gegen eine Auswahl aus Holland an und gewann mit 2:1. Am 17. März 1957 fand im Münchner Dante-Stadion ein weiteres gut besuchtes Länderspiel Westdeutschland gegen Westholland statt, das 4:2 endete. Viele der Männer im Publikum sollen bei der Darbietung lauthals gelacht und sich vergnügt auf die Schenkel geschlagen haben.

Als Willi Ruppert, im Unfrieden aus dem Vorstand der westdeutschen Damen ausgeschieden, wenig später einen zweiten Damen-Fußballbund sowie ein zweites Damen-Nationalteam gründete, entstand im Herbst 1957 in Berlin eine seltsame Situation. Da trat die erste Damen-Nationalmannschaft am 13. Oktober im Mommsenstadion gegen Holland an und gewann mit 2:0. Und nur drei Wochen später beteiligte sich die zweite Damen-Nationalmannschaft an einem als „Europameisterschaft“ angekündigten Vierländer-Turnier im Poststadion, das England mit einem 4:0 im Endspiel gegen das deutsche Team gewann.

DDFV

Stuttgarter Neckarstadion
Sonntag den 20. April 1958 nachmittags 15.30 Uhr

Internationales Damenfußballspiel

Deutschland – Holland

Stehend: Nibbrig, Kleinhans, Rinscheid, Droste, Pieper, Kwast. Kniend: Mahron, Zawitzki, Gunther, Eisleben, Hennig

Holland

Vetter
Faber Boon
Vergne Ostrum Stuffkens
Riethoven Hattum Hoen Langerack Hoboken
•
Nibbrig Marohn Faul Erdmann Kleinhans
Rinscheid Härtlen Droste
Zawitzki Eisleben
Kwast

Deutschland

2 x 35 Minuten

Schiedsrichter: Hans Osswald München

Programmheft zum Damenfußballspiel Deutschland gegen Holland im Stuttgarter Neckarstadion am 20. April 1958.

Diskussionen

um den „Damenfußball“

Der DFB verurteilte die inoffiziellen Damen-Länderspiele als unwürdige Zirkusveranstaltungen, in denen die Frauen zum Vergnügen der Männer lächerlich gemacht würden. Wohlwollende Kritiker forderten daher, dass den Frauen endlich ermöglicht werden müsse, ernsthaft Fußball zu spielen. Die Funktionäre aber lehnten den Frauenfußball weiterhin ab. Fußball würde zur Verrohung und Vermännlichung der Spielerinnen führen, lautete eine Begründung. Ihre unzureichende Muskulatur und ihre Neigung zu X-Beinen mache Frauen für den Fußball ungeeignet, lautete eine andere. So blieb das Fußballverbot weiterhin bestehen, während die inoffiziellen Spiele weiterliefen. Doch die Frauen, die da gegen den Ball traten, empfanden ihre Spiele keineswegs als lächerlich oder gar gefährlich.

Westdeutschland gegen Westholland am 17. März 1957 in München: Die deutsche Torfrau Schmidt bindet ein Maskottchen an ihr Netz. Es wirkt: Die deutsche Mannschaft gewinnt überzeugend mit 4:2.

Szene aus dem Spiel Deutschland gegen Holland (2:0) am 13. Oktober 1957 im Berliner Mommsenstadion.

Gewinner des Weltpokals 1970: Dänemark.

1970 Erste internationale Turniere

Ende der 1960er Jahre spielten in Deutschland nach Schätzungen rund 60.000 Frauen trotz DFB-Verbots Fußball. Es war die Zeit der Studentenbewegung und der Emanzipation der Frau, und die hatte nun auch den Sport erfasst. Selbst zahlreiche offizielle Vereine ermöglichten den Frauen das Fußballspielen. Eine besondere Vorreiterrolle spielte dabei der SC 07 Bad Neuenahr aus Rheinland-Pfalz. Im Mai 1970 richtete die im Jahr zuvor gegründete Frauenfußball-Abteilung ein internationales Turnier aus, an dem zwölf Teams teilnahmen – es war das bis dahin größte Frauenfußball-Turnier der Welt. Und im Sommer nahm das Team des SC Bad Neuenahr als deutscher Vertreter an einem als „Weltpokal“ angekündigten Turnier in Italien teil. Die deutsche Auswahl aus dem Ahrtal verlor mit 1:5 gegen England und dann mit 1:6 gegen den späteren Turniersieger Dänemark, der im Endspiel vor 35.000 Zuschauern in Turin Italien mit 2:0 bezwang.

1970 Der DFB erlaubt Frauenfußball

Angesichts des großen Erfolges der internationalen Frauenfußball-Turniere fürchtete der DFB, die Kontrolle über das Geschehen zu verlieren. Um die Gründung eines eigenen Frauenfußball-Verbandes zu verhindern, gab er daher auf seinem Verbandstag am 31. Oktober 1970 den Ball für die Frauen frei. Gleichzeitig wurde ein spezielles Frauen-Regelwerk verabschiedet. Das Spiel im Winter und die Benutzung von Stollenschuhen waren verboten. Fürs Damenspiel musste ein kleinerer und leichterer Jugendball verwendet werden. Außerdem wollte man den Frauen zunächst nur eine Spielzeit von 2 x 30 Minuten zumuten, die nach kurzer Zeit auf 2 x 35 Minuten erhöht wurde. Anfangs gab es auch noch die Sonderre-

Rivalinnen der ersten Stunde

Ohne Erlaubnis des DFB hatten sich mit dem SC Bad Neuenahr und dem TuS Wörrstadt bereits 1969 zwei Spitzenmannschaften im deutschen Frauenfußball gebildet. Nachdem sich Bad Neuenahr 1970 bei der inoffiziellen WM in Italien als Vertreter Deutschlands präsentiert hatte, waren die Frauen aus Wörrstadt so verschnupft, dass sie ein Entscheidungsmatch forderten. Es endete bitter für die Wörrstädterinnen, die mit 2:4 unterlagen. Erst 1972 gelang es ihnen, die Konkurrentinnen erstmals zu schlagen.

gel, dass beim Stoppen des Balles mit der Brust die Hand benutzt werden sollte, um Verletzungen zu vermeiden („Schutzhand"). Trotzdem: Der Ball durfte endlich rollen. Schon bald kickten über 100.000 Frauen unter der Regie des DFB.

Die Torschützin des Monats

Bevor sie 1969 ihre Fußballkarriere beim TuS Wörrstadt begann, war Bärbel Wohlleben bereits als Leichtathletin und Handballerin erfolgreich. Diese sportliche Grundausbildung kam ihr auch beim Fußball zugute. Ihr berühmtes „Tor des Monats" vom September 1974 kommentierte die torgefährliche Mittelfeldspielerin schmunzelnd: „Viele haben erst durch mein Tor erkannt, dass selbst Frauen in der Lage sind, einen Ball weiter als fünf Meter zu schießen."

1973 Erste inoffizielle Deutsche Meisterschaft

Auf Betreiben von Fips Scheidt, dem Manager des kleinen rheinländischen Vereins TuS Wörrstadt, wurde 1973 erstmals ein Turnier der besten deutschen Frauenmannschaften organisiert. Da der DFB nicht erlaubte, diesen Wettbewerb als „Deutsche Meisterschaft" zu bezeichnen, wurde er auf den Namen „Goldpokal" getauft. Es war das Turnier der Wörrstädterinnen. Im Halbfinale schlugen sie Bad Neuenahr in Hin- und Rückspiel jeweils mit 1:0, und am 29. September 1973 ließen sie im Finale in Rüsselsheim den Damen des FC Bayern München beim 3:1 keine Chance.

Die Wörrstädter Frauen werben auf dem Weg zum Goldpokal-Finale 1973 in Rüsselsheim für ihr Spitzenspiel.

1974 Erste Deutsche Meisterschaft und „Tor des Monats"

1973/74 war es endlich so weit: Erstmals wurde eine offizielle Deutsche Meisterschaft ausgespielt. Immerhin 3.800 Zuschauer sahen am 8. September 1974 das Endspiel im Mainzer Stadion am Bruchweg. Und der TuS Wörrstadt durfte sich nach einem überlegenen 4:0-Sieg gegen die DJK Eintracht Erle aus Gelsenkirchen als erste Mannschaft im Frauenfußball nun auch offiziell Deutscher Meister nennen. Bärbel Wohllebens Treffer zum 3:0 – ein Kracher unter die Latte, abgefeuert aus 25 Metern – wurde von den Zuschauern der *Sportschau* zum „Tor des Monats" gewählt. Der Frauenfußball hatte damit auf seinem langen Weg zur Anerkennung einen großen Schritt nach vorn gemacht.

Der TuS Wörrstadt ist der erste Deutsche Meister im Frauenfußball. Spielerin Uschi Demler präsentiert den vom DFB gestifteten Meisterpokal.

FFCS, TURBINEN UND LÖWINNEN

Deutscher Frauen-Vereinsfußball

JAKO
ZAL
adidas

Nationale Wettbewerbe

1974 – 1990
Deutsche Meisterschaft mit Endrunde

Die Deutsche Meisterschaft im Frauenfußball wurde zunächst zwischen den besten Teams der 16 Landesverbände im K.-o.-System ausgetragen. Wegen der anfangs sehr großen Leistungsunterschiede zwischen den Spitzenmannschaften und den restlichen Vereinen beschloss der DFB Ende der 1980er Jahre, die besten Teams in einer höchsten Spielklasse zusammenzufassen.

1990 – 1997
Zweigleisige Bundesliga

Für die erste Saison der zweigleisigen Bundesliga 1990/91 meldeten sich insgesamt 35 Vereine an, die 20 besten erhielten einen Startplatz. Gespielt wurde in zwei Zehner-Gruppen (Nord und Süd) mit Hin- und Rückspiel. Die zwei Erstplatzierten jeder Gruppe waren für das Halbfinale qualifiziert, in dem über Kreuz die beiden Endspielteilnehmer ermittelt wurden.

1997 bis heute
Eingleisige Bundesliga

Da die Leistungsunterschiede der 20 Bundesligisten immer noch sehr groß waren – die Spitzenteams, in denen sich die Nationalspielerinnen sammelten, waren um Klassen besser als der große Rest –, wurde die Bundesliga zur Saison 1997/1998 auf eine einzige Gruppe von zwölf Mannschaften verkleinert. Der Meister und die beiden Absteiger werden seitdem in einer Saison mit

Zum Start der Bundesliga gab der Kicker ein Sonderheft heraus.

Erster DFB-Pokalsieger der Frauen war 1981 die SSG 09 Bergisch Gladbach. Der alte „DFB-Vereinspokal Damen" (1981 bis 1993) war eine aus Silber gefertigte Dokumentenrolle mit einem Lorbeerzweig, die als „Staffelholz" bezeichnet wurde.

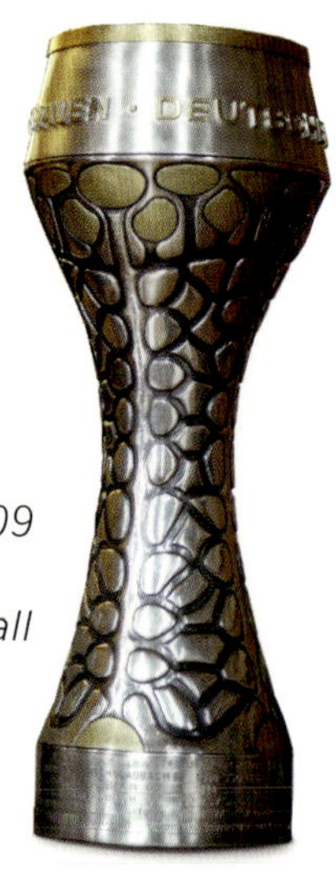

Der alte Pokal für den Deutschen Meister im Frauenfußball. Seit 2009 erhält der Deutsche Meister im Frauenfußball eine Meisterschale.

22 Spieltagen ermittelt. Unterhalb der Bundesliga besteht seit 2004 die zweigleisige 2. Bundesliga. Die Sieger der beiden Zwölfer-Ligen (Nord und Süd) steigen auf.

1985 – 2009
DFB-Pokal: „Berlin, Berlin, wir fahren nach Berlin!“

Der DFB-Pokal ist nach der Deutschen Meisterschaft der wichtigste Titel im nationalen Frauen-Vereinsfußball. Er wurde erstmals zur Saison 1980/81 im K.-o-System ausgespielt. Ähnlich wie im Männerwettbewerb kommt es dabei regelmäßig zu Pokal-Überraschungen, wenn unterklassige Mannschaften Favoriten schlagen. Von 1985 bis 2009 wurde das Finale der Frauen vor dem der Männer im Olympiastadion von Berlin ausgetragen.

An der Pokal-Endrunde durften zunächst nur die Pokalsieger der 16 Landesverbände des DFB teilnehmen. Nach der Einführung der Frauen-Bundesliga und der deutschen Wiedervereinigung wurde das Teilnehmerfeld bedeutend erweitert. Startberechtigt im Pokal sind heute die 36 Vereine der 1. und 2. Bundesliga, die fünf Zweitliga-Absteiger der vorangegangenen Saison sowie die Pokalsieger aus den nun 21 Landesverbänden des DFB.

Seit 2010
Pokalfinale in Köln

Das Finale 2009/10 fand erstmals seit 25 Jahren nicht in Berlin statt. Schon lange war kritisiert worden, dass das Frauenfinale als Vorspiel des Männerfinales kaum beachtet wird, weil es nur vor wenigen und großteils kaum interessierten Zuschauern stattfindet. Deshalb wurde das Endspiel nach Köln verlegt. Mit Erfolg: Während sich 2009 beim Anpfiff des Finales nur etwa 2.000 Zuschauer im Berliner Olympiastadion verloren hatten, kamen zum Finale am 15. Mai 2010 im RheinEnergieStadion von Köln 26.282 Zuschauer. Das war ein neuer Europarekord für nationale Frauen-Vereinsspiele.

Ab 1994 gab es für die Frauen im DFB-Pokal eine 45 cm hohe Trophäe aus Silber.

DFB-Hallencup
Zwischen Ende Dezember und Ende Februar herrscht im Frauenfußball eine Winterpause. In dieser Zeit wird seit 1994 der DFB-Hallenpokal ausgespielt. Anders als bei den Männern wird der Hallenfußball von den Frauen sehr ernst genommen. Alle Bundesliga-Teams nehmen an dem Wettbewerb teil. In die Siegerliste konnten sich mit Ausnahme des FFC Heike Rheine (2003) nur solche Vereine (oder deren Vorläufer) eintragen, die auch auf dem grünen Rasen Titel geholt haben.

Jennifer Zietz, Kapitänin von Turbine Potsdam, freut sich über den Meistertitel 2012. Der Spruch auf dem T-Shirt bezieht sich auf die „Meistersterne“, die auf dem Trikot getragen werden. Ab drei gewonnenen Bundesliga-Meisterschaften darf ein Verein einen Meisterstern über dem Vereinswappen tragen. Ab fünf gibt es einen zweiten, ab zehn einen dritten.

Das Pokalfinale 1992 leitete mit Gertrud Regus zum ersten Mal eine Frau. Seitdem werden in den Pokalfinals ausschließlich Schiedsrichterinnen eingesetzt.

1978 wurde mit dem SC 07 Bad Neuenahr noch einmal eines der alten Topteams Deutscher Frauenfußballmeister. Danach begann die Ära der SSG Bergisch Gladbach.

Serienmeister

SSG Bergisch Gladbach

(1979 – 1989)

Neben Wörrstadt und Bad Neuenahr (Meister 1978) machten sich zunächst der Bonner SC (Meister 1975), die Fußballfrauen der NSG Oberst Schiel aus Frankfurt-Niederrad sowie Bayern München (Meister 1976) einen Namen im deutschen Frauenfußball. Zum mit Abstand besten Klub entwickelte sich jedoch die SSG 09 Bergisch Gladbach.

Hinter der Mannschaft aus Nordrhein-Westfalen stand ein findiger Manager: Hans Gronewold. 1976 übernahm er die Damenabteilung des Vereins und verstärkte die 1. Mannschaft sogleich mit den besten Spielerinnen des Meisters Bonner SC, unter ihnen Beverly Ranger und Anne Trabant-Haarbach. Vor allem Letztere war wichtig, und zwar nicht nur auf dem Platz als Dirigentin, sondern auch als Spielertrainerin. Unter für damalige Verhältnisse fast schon professionellen Bedingungen – es wurde dreimal pro Woche trainiert – stellte sich rasch der Erfolg ein.

Dem ersten Titel 1977 – 0:0 und 1:0 in den Finals gegen die NSG Oberst Schiel – folgte 1979 der zweite. Nach einem 3:2 in München war das kleine Stadion an der Paffrather Straße in Bergisch Gladbach im Rückspiel gegen die Frauen des FC Bayern restlos ausverkauft. Vor 12.000 Zuschauern gewann die SSG durch einen Treffer der Torjägerin Doris Kresimon mit 1:0. Diese Erfolge lockten weitere Spielerinnen, die gern in der deutschen Spitzenmannschaft spielen wollten – zumal ihnen Manager Gronewold einen Arbeitsplatz besorgte oder kleine Vergünstigungen versprach. Bis 1984 gingen sechs Titel in Serie an die SSG. Ingesamt sollten es neun Meistertitel werden.

„Weltmeister" Bergisch Gladbach
Im Jahr 1981 erhielt der DFB eine Einladung zu einem Fußball-Weltpokal-Turnier der Frauen nach Taiwan. Da es eine Nationalmannschaft der Frauen noch nicht gab, beschloss man kurzerhand, die SSG Bergisch Gladbach zu schicken. Der Verband wollte die Reise allerdings nicht finanziell unterstützen. Anne Trabant-Haarbach & Co. sammelten deshalb Spenden, flogen los – und wurden Turniersieger vor Neuseeland und dem Gastgeber Taiwan. Drei Jahre später gelang bei einem weiteren Turnier die Titelverteidigung.

Zum dritten und letzten Mal Deutscher Pokalsieger: die SSG Bergisch Gladbach 1984.

Die SSG ist erster Pokalsieger

Natürlich war die SSG auch im DFB-Pokal erfolgreich. Sie gewann den Titel bereits bei der ersten Ausspielung auf eindrucksvolle Weise. Im Endspiel am 2. Mai 1981 im Stuttgarter Neckarstadion schlug sie den TuS Wörrstadt mit 5:0. Die an diesem Tag überragende Doris Kresimon erzielte dabei alleine drei Tore. Die Bergisch Gladbacherinnen konnten 1982 ihren Titel verteidigen und waren 1984 zum dritten und letzten Mal erfolgreich.

Nachdem 1990/91 die Bundesliga eingeführt worden war, begann der allmähliche Abstieg der SSG 09. Sie fiel in der Tabelle immer weiter zurück, Mitte der 1990er Jahre stieg sie ab. Andere Vereine spielten sich nun in den Vordergrund.

Einsame Klasse: Anne Trabant-Haarbach
Schon als Kind, damals noch unter dem Namen Haarbach, rannte Anne Trabant zusammen mit den Jungs dem Ball hinterher. Später musste sie sich wegen des Frauenfußball-Verbots zunächst auf Leichtathletik und Handball konzentrieren. Erst 1969 begann sie während ihres Lehramtstudiums in Mainz mit dem Fußballspiel. Schnell entwickelte sich die durchtrainierte Sportlerin zu einer herausragenden Spielmacherin, die mit Wörrstadt und Bonn und schließlich als Spielertrainerin mit der SSG 09 Bergisch Gladbach zahlreiche Titel gewann.

Die kurze Blüte des KBC Duisburg (1983 – 1985)

Die erste große Pokalsensation gelang 1983 Tennis Borussia Berlin, das in der ersten Runde den amtierenden Meister und Pokalsieger SSG 09 Bergisch Gladbach mit 3:1 aus dem Wettbewerb warf. Pokalsieger wurde diesmal der KBC Duisburg. Der Klub der späteren Starspielerin Martina Voss beendete 1984/85 auch die Siegesserie der Bergisch Gladbacherinnen in der Meisterschaft, die er mit zwei 2:1-Siegen im Halbfinale ausschaltete. Im Endspiel gelang ein 1:0-Sieg gegen die Frauen des FC Bayern München. Es sollten die beiden einzigen Titel des Vereins bleiben.

Pokalfinale 1985: Erst im Elfmeterschießen verlor der KBC Duisburg (in Rot-Weiß) gegen den FSV Frankfurt.

Der erste Pokalsieg: der TSV Siegen im Jahr 1986.

Die Ära des TSV Siegen (1986 – 1996)

Der TSV Siegen war fast so erfolgreich wie die SSG Bergisch Gladbach. 1990 holte sich der TSV den letzten Meistertitel, der noch nach dem alten Modus ausgespielt wurde. Auch die erste Spielzeit der neu gegründeten zweigleisigen Bundesliga beendete er 1991 erfolgreich. Als Meister der Gruppe Nord empfingen die Siegenerinnen zum Finale im eigenen Stadion den Südmeister FSV Frankfurt. Nach einem frühen 0:1-Rückstand gewannen sie noch überlegen mit 4:2.

In der zweiten Bundesliga-Saison kassierte der TSV Siegen keine einzige Niederlage und triumphierte als ungeschlagener Meister. Insgesamt holten die Siegenerinnen zwischen 1990 und 1996 fünf von sieben möglichen Meistertiteln und zwischen 1986 und 1989 vier Pokalsiege hintereinander. Sie siegten so oft und so selbstverständlich, dass sie nicht zu Unrecht mit dem FC Bayern München verglichen wurden.

Hinter den Erfolgen des TSV Siegen stand der Blumengroßhändler Gerd Neuser. Zum einen war er ein professioneller Trainer, der bis zu fünfmal pro Woche üben ließ. Zum anderen war er aber auch ein engagierter Manager und Sponsor, der zahlreiche Spitzenspielerinnen nach Siegen lockte. Der heutigen Bundestrainerin Silvia Neid verschaffte er zum Beispiel einen Job in seiner Blumenhandlung. Elf Jahre lang, von 1985 bis 1996, war die Mittelfeldspielerin Kopf und Seele der Mannschaft.

Siegens Meistermacher Gerd Neuser verkrachte sich 1994 mit dem Vorsitzenden des TSV und verließ den Verein. Unter dem neuen Trainer Dieter Richard holten die Siegenerinnen 1995/96 noch die sechste Meisterschaft, danach wurde die Frauenabteilung von den Sportfreunden Siegen übernommen. Die Erfolgsstory fand dort aber keine Fortsetzung mehr.

Silvia Neid (rechts): Aushängeschild des TSV Siegen.

Das Sensationsteam aus Brauweiler (1990 – 1997)

Riesenüberraschung: Regionalligist Grün-Weiß Brauweiler ist DFB-Pokalsieger 1991.

Der Stern von Grün-Weiß Brauweiler ging in der Saison 1990/91 auf, als die Mannschaft noch in der damaligen Regionalliga West kickte. Der zweitklassige Verein aus dem kleinen Klosterort nahe Köln sorgte im DFB-Pokal für eine Sensation: Die Frauen aus dem Rheinland schlugen nicht weniger als drei Vereine aus der eben eingeführten Bundesliga und schafften es bis ins Finale von Berlin. Dort besiegte das Team um die späteren Nationalspielerinnen Silke Rottenberg und Bettina Wiegmann den amtierenden Deutschen Meister TSV Siegen mit 1:0. Bis heute ist Brauweiler der einzige Zweitligist, der je den Pokal gewinnen konnte. Im selben Jahr stieg die Elf von Trainer Thomas Meyer auch in die Bundesliga auf. Als bester Aufsteiger aller Zeiten gelangte sie bis ins Meisterschafts-Finale. Erst dort musste sie sich dem TSV Siegen mit 0:2 geschlagen geben.

Unter dem Trainer Friedhelm Fröhlich holten die Brauweilerinnen 1994 mit einem 2:1-Sieg gegen den TSV Siegen zum zweiten Mal den DFB-Pokal. 1996/97, nun von Hans-Jürgen Tritschoks trainiert, hängten sie den Dauerrivalen auch in der Gruppe Nord der Bundesliga ab. Im Meisterschafts-Halbfinale schalteten die Grün-Weißen die SG Praunheim aus. Im Finale wartete der FCR Duisburg 55 (bzw. der FC Rumeln-Kaldenhausen, wie der Verein noch zu Saisonbeginn hieß). Das grün-weiße Team um die Nationalspielerinnen Manuela Goller, Sonja Fuss, Bettina Wiegmann und Gudrun Gottschlich setzte sich knapp im Elfmeterschießen durch (1:1 n.V., 5:3 i.E.). Anschließend sicherte sich Brauweiler durch einen 3:1-Sieg im Pokalfinale gegen den FC Eintracht Rheine auch noch das Double.

Bettina Wiegmann von Grün-Weiß Brauweiler mit dem Hermes-Pokal für die „Fußballerin des Jahres 1997".

Der erste „Frauenfußballclub"

Die Frauen aus Rheine gewannen bis heute keinen Titel in Meisterschaft oder Pokal. Aber sie waren oft vorne mit dabei und schrieben am 10. März 1998 Frauenfußball-Geschichte. An diesem Tag wurde die bisherige Frauenabteilung des FC Eintracht Rheine als eigenständiger Verein neu gegründet. Der FFC Heike Rheine war damit der erste selbstständige „Frauenfußballclub" (FFC) in Deutschland. Da auch andere Frauen keine Lust mehr hatten, ein kaum beachtetes Anhängsel eines Männervereins zu bleiben, folgten bald zahlreiche weitere Neugründungen von Frauenfußball-Vereinen.

Martina Voss zieht ab: Szene aus dem Pokalfinale 1992 TSV Siegen gegen FSV Frankfurt (0:1).

Der FSV Frankfurt mischt mit (1985 – 1998)

Der FSV Frankfurt war der einzige Verein, der den beiden Superklubs Bergisch Gladbach und Siegen über längere Zeit Paroli bieten konnte. Ihren ersten großen Auftritt hatten die Frankfurterinnen 1985 im ersten Frauen-Pokalfinale, das vor dem Männerfinale im Olympiastadion von Berlin ausgetragen wurde. Es war auch das erste, das per Elfmeterschießen entschieden werden musste. 1:1 stand es nach der Verlängerung gegen den KBC Duisburg, Frankfurt gewann am Ende mit 4:3 im Elfmeterschießen.

Im Jahr darauf schaffte es die Mannschaft der ausgefuchsten Trainerin Monika Koch-Emsermann auch ins Meisterschafts-Endspiel. Dort fegte sie die sieggewohnte SSG 09 Bergisch Gladbach mit einem sagenhaften 5:0 vom Platz. Weitere Titel folgten 1990 und 1992 im Pokalwettbewerb.

Der erste große Auftritt des FSV Frankfurt: der Gewinn des DFB-Pokals 1985, den die Mannschaft mit einer Ehrenrunde im Berliner Olympiastadion feierte.

Die Sternstunde des TuS Niederkirchen (1993)

In der Südgruppe der Bundesliga war der TuS Niederkirchen für einige Jahre ganz vorne dabei. Die Mannschaft aus dem 2.000-Einwohner-Örtchen wurde 1993 sogar Deutscher Meister im Finale gegen den großen TSV Siegen. Vor 5.000 Zuschauern im Waldstadion von Limburgerhof ging Siegen durch ein Tor von Silvia Neid in Führung, doch Niederkirchens sagenhafte Torjägerin Heidi Mohr – in dieser Saison zum dritten Mal in Folge Torschützenkönigin – schaffte per Elfmeter den Ausgleich. In der 99. Minute der Verlängerung entschied ein weiteres Mohr-Tor die Partie.

Traumfußball mit Birgit Prinz

In der Saison 1994/95 startete der FSV Frankfurt unter dem neuen Trainer Jürgen Strödter eine zweite Erfolgsphase. In der Gruppe Süd der Bundesliga bot der Verein aus dem Stadtteil Bornheim Fußballkunst vom Feinsten und gewann sämtliche Partien – mit 92:4 Toren! Besonders herausragend: Abwehr-Ass Sandra Minnert und das Sturmduo Birgit Prinz und Sandra Smisek, das von den Mannschaftskolleginnen „Keks und Krümel" genannt wurde. Die Endrunde um die Deutsche Meisterschaft verlief ebenso erfolgreich, einzig das Halbfinal-Hinspiel gegen Rumeln-Kaldenhausen endete unentschieden. Im Finale gewann der FSV gegen Grün-Weiß Brauweiler durch Tore von Katja Bornschein und Birgit Prinz mit 2:0. Auch im Pokal gelang der Durchmarsch. Mit einem 3:1-Finalsieg gegen den TSV Siegen holten die Frankfurterinnen das Double.

Im Jahr darauf errangen die „Fußball-Göttinnen" vom Main ihren bereits fünften Titel im DFB-Pokal (2:1 gegen den SC Klinge Seckach). Ihren dritten Meistertitel – gleichzeitig der erste in der neu eingeführten eingleisigen Bundesliga – holten Brigit Prinz & Co. 1997/98 mit großem Vorsprung vor der SG Praunheim. Danach ging es mit dem Verein stetig bergab.

Neue Vereine aus den neuen Bundesländern
Nach der Wiedervereinigung 1990 qualifizierten sich der Uni SV Jena und der FC Wismut Aue für die nun gesamtdeutsche Bundesliga. Deren zwei Gruppen wurden 1991/92 um je ein Team aufgestockt. Wismut Aue stieg schon nach der ersten Saison wieder aus der Bundesliga ab. Auch Uni Jena entging diesem Schicksal nicht, kehrte aber im Gegensatz zu Aue im Jahr 2008 als FF USV Jena (Frauenfußball-Universitätssportverein) nach 16-jähriger Abwesenheit in die Bundesliga zurück.

Am Ball: Heidi Mohr, die Torjägerin des TuS Niederkirchen.

Die Löwinnen des FCR Duisburg (1996 bis heute)

1996/97 verpassten die auch als „Löwinnen“ bekannten Frauen des FCR Duisburg durch die knappe Finalniederlage gegen Brauweiler einen Titel nur knapp. Im Jahr darauf landeten sie in der neuen eingleisigen Bundesliga auf Rang 3 hinter dem FSV Frankfurt und der SG Praunheim. Ihre erste Trophäe holten sie in derselben Saison im DFB-Pokal. Die Mannschaft um die Nationalspielerinnen Martina Voss, Jutta Nardenbach und Maren Meinert spielte ganz groß auf, vor allem im Finale. In einem packenden Endspiel, das als eines der besten aller Zeiten gilt, fegte der FCR den Meister FSV Frankfurt mit 6:2 vom Platz. Drei Treffer gingen dabei allein auf das Konto der jungen Torjägerin Inka Grings.

Rekord-Pech

Der souveräne Meistertitel von 2000 blieb bis heute der einzige des FCR Duisburg. Dabei mischten die Duisburgerinnen fast immer an der Spitze mit. Bis 2012 waren sie achtmal Vizemeister und siebenmal Dritter in der Bundesliga!

Rekord-Meistertitel mit Inka Grings

1999/2000 drehten die um weitere Spitzenspielerinnen wie Sandra Smisek und Kerstin Stegemann verstärkten Duisburgerinnen richtig auf. Sie holten sich den Meistertitel mit einem sagenhaften Vorsprung von 15 Punkten. Inka Grings, bereits im Vorjahr die treffsicherste Stürmerin, wurde mit 38 Treffern Torschützenkönigin. Beide Rekorde wurden bis heute nicht gebrochen.

Nachdem die Ex-Starspielerin Martina Voss das Traineramt übernommen hatte, fuhren die Löwinnen noch zweimal im DFB-Pokal ihre Krallen aus. Und wie! Im Finale 2009 zerfleischten sie die an diesem Tage seltsam zahmen Turbinen aus Potsdam geradezu – 7:0 lautete das schier unfassbare Rekordergebnis.

Inka Grings (FCR Duisburg) jubelt über eines ihrer drei Tore im Pokalfinale von 1998 gegen den FSV Frankfurt. Dieses Finale, das die Duisburgerinnen mit 6:2 gewannen, gilt als eines der besten aller Zeiten.

Erster DFB-Pokalsieger in Köln mit neuer Trophäe: der FCR Duisburg 2010.

Annemieke Kiesel und Inka Grings trafen bei dem Schützenfest je zweimal, die weiteren Treffer erzielten Lira Bajramaj, Femke Maes und Alexandra Popp. Die Ober-Löwin Martina Voss und ihre Wildkatzen freuten sich ausgelassen über diesen außergewöhnlichen Erfolg.
Im Jahr darauf wiederholten sie den Triumph in dem erstmals in Köln ausgetragenen Pokalfinale. Gegner war die Mannschaft des letzten DDR-Meisters FF USV Jena. Der FCR Duisburg gewann knapp mit 1:0 durch einen Kopfballtreffer von Annike Krahn in der 51. Minute.

Martina Voss: erst Starspielerin, dann Erfolgstrainerin beim FCR Duisburg.

„FUSSBALL IST EINE SPORTART, DIE BEGEISTERT – EGAL, WELCHES GESCHLECHT MAN HAT. WENN MAN SEINE TOCHTER ALLERDINGS ALS PRINZESSIN BESCHÜTZEN MÖCHTE, DANN SOLLTE MAN SICH LIEBER NACH ALTERNATIVEN UMSCHAUEN."

Elternberatung von Martina Voss, Ex-Spielerin und -Trainerin des FCR Duisburg

Sie begründeten den Aufstieg des 1. FFC Frankfurt zum Seriensieger: Manager Siegfried Dietrich und Erfolgstrainerin Monika Staab.

Die Übermannschaft des 1. FFC Frankfurt (1999 bis heute)

Ab 1993/94 leisteten Trainerin Monika Staab und Manager Siegfried Dietrich bei dem Frankfurter Stadtteilklub SG Praunheim erfolgreiche Arbeit. Um den Frauenfußball noch erfolgreicher zu machen, beschlossen sie eine Ablösung vom Hauptverein. Mitglieder der Praunheimer Frauenfußball-Abteilung gründeten am 27. August 1998 den 1. FFC Frankfurt. Monika Staab wurde Vorsitzende des neuen Vereins. Noch während der Saison 1998/99 trat die ehemalige SG-Mannschaft als 1. FFC an. Manager Dietrich, der immer wieder mit Uli Hoeneß, dem damaligen Manager des FC Bayern München, verglichen wurde, machte den 1. FFC zum reichsten Frauenfußball-Verein in Deutschland. Und weil es ihm gelang, immer wieder die besten Spielerinnen des Landes nach Frankfurt zu locken, wurde er auch zum erfolgreichsten.

Glückliche Siege

Der 1. FFC Frankfurt gewann den DFB-Pokal sehr oft. Die Siege in den Finals waren jedoch häufig knapp und zum Teil auch glücklich. So zum Beispiel 2002/03, als der lange Zeit mindestens gleichwertige FCR Duisburg erst in der Nachspielzeit durch ein unglückliches Eigentor von Martina Voss verlor. Das Finale 2006/07, wieder gegen die Duisburger Löwinnen, endete 1:1. Im Elfmeterschießen wurde Torfrau Ursula Holl zur Pokalheldin. Mit zwei tollen Paraden sicherte sie den 4:1-Sieg ihres Teams.

Mit dem ersten Meistertitel 1999 beginnt die große Zeit des 1. FFC Frankfurt.

Sieben Meisterschaften, acht Pokalsiege

Trainerin Monika Staab formte aus Spitzen-Kickerinnen wie Birgit Prinz, Doris Fitschen, Claudia Müller und Renate Lingor ein Team, das dem neuen Verein gleich im ersten Jahr seines Bestehens das Double aus Meisterschaft und Pokalsieg bescherte. Das Gleiche sollte dem 1. FFC bis 2008 noch fünfmal gelingen. Insgesamt brachten es die Frankfurterinnen bis 2011 auf 15 nationale Titel – sieben in der Meisterschaft und acht im DFB-Pokal.

26. Mai 2007, DFB-Pokalfinale im Olympiastadion von Berlin: Die Spielerinnen des 1. FFC Frankfurt umjubeln ihre Torhüterin Ursula Holl, die soeben den entscheidenden Elfmeter gehalten hat.

Ihre tollste Saison spielten die Frankfurterinnen 2001/02, als sie sich gerade durch weitere Stars wie Steffi Jones und Sandra Minnert verstärkt hatten. Sie wurden ungeschlagen Deutscher Meister und sicherten sich das Double mit einem triumphalen 5:0 gegen die Frauen des Hamburger SV im Endspiel des DFB-Pokals.
Vor allem im Pokal schienen die Frankfurterinnen eine Zeit lang nahezu unschlagbar. Zwischen 1999 und 2003 holten sie sich gleich fünfmal hintereinander die Trophäe und blieben 29 Spiele in Folge unbesiegt. Eindrucksvoll war auch der Meistertitel von 2005, als die inzwischen von Hans-Jürgen Tritschoks trainierte Mannschaft in der Bundesliga nur eine einzige Niederlage hinnehmen musste und mit deutlichem Vorsprung auf Platz 1 einlief.

Ende einer Alleinherrschaft

In der turbulenten Spielzeit 2002/03 wären dem 1. FFC Frankfurt von Turbine Potsdam beinahe die Grenzen aufgezeigt geworden. Am letzten Spieltag ging es vor der tollen Kulisse von knapp 8.000 Zuschauern im Karl-Liebknecht-Stadion zu Potsdam-Babelsberg um den Titel. Die Ausgangslage: Ein Sieg würde Potsdam die Meisterschaft sichern. Tatsächlich traf Petra Wimbersky für die Turbinen ins Netz, doch der Treffer wurde wegen Abseits nicht gegeben. So blieb es beim 0:0, und die Frankfurterinnen durften sich über ihre dritte Meisterschaft in Folge freuen.
2004 holte sich dann Potsdam das Double aus Meisterschaft und Pokal. Seitdem ist der 1. FFC Frankfurt nicht mehr die alleinige Übermannschaft. Zwar gelang 2007 und 2008 mit jeweils einem Double noch einmal die Rückkehr zu alter Überlegenheit. Doch diesmal hielt sie nicht lange an. Schuld daran war der neue Spitzenverein aus dem Osten Deutschlands, Turbine Potsdam.
Immerhin: Im Pokalfinale 2011 konnten die Frankfurterinnen den Dauerrivalen in einem temporeichen und hitzigen Spiel voller Torszenen mit 2:1 besiegen.

Im DFB-Pokalfinale 2011, das der FFC mit 2:1 gegen Potsdam gewann, ging es hitzig zur Sache. Hier ein Zweikampf zwischen Frankfurts Melanie Behringer und Viola Odebrecht (Potsdam).

Bernd Schröder, der Vater des Potsdamer Erfolgs, wird nach der Meisterschaft 2004 von seinen Spielerinnen gefeiert.

Die Erfolgs-Turbinen aus Potsdam (2004 bis heute)

Rekordmeister der DDR

Die Frauenfußball-Abteilung der BSG Turbine Potsdam, deren Betreuung der ehemalige Torwart Bernd Schröder 1971 übernahm, ist mit sechs Titeln Rekordmeister der DDR. Der Erfolgstrainer des heutigen 1. FFC Turbine Potsdam vertraute anfangs recht seltsamen Methoden. Zum Beispiel ließ er seine Fußballerinnen Autoreifen, die an einer Kette befestigt waren, über den Platz schleifen. Auch später noch brachte er mit seinem harten Training manche Spielerin zum Weinen.

In Potsdam hatte der Manager und Trainer Bernd Schröder noch zu DDR-Zeiten einen Verein aufgebaut, der heute Siege in Serie produziert: im Frauen-Spitzenfußball genauso wie im Nachwuchsbereich. Er sieht seine Arbeit als Gegenentwurf zum „Kapitalisten-Verein“ 1. FFC Frankfurt. In Potsdam will man den Erfolg nicht durch den Kauf „fertiger“ Starspielerinnen erzwingen, sondern durch die Entwicklung möglichst vieler eigener Talente erarbeiten. Die Potsdamerinnen stiegen 1994 als Meister der Oberliga Nordost in die Bundesliga auf. Trotz einer fürchterlichen 0:11-Auftakt-Pleite gegen den FC Rumeln-Kaldenhausen konnten sie sich in der 1. Liga halten. Und nachdem Bernd Schröder, der seit 1992 nur noch als Manager tätig war, ab 1997 das Training wieder selbst übernahm, spielten sie bald ganz oben mit.

Ein Double gegen Frankfurt

Ihren ersten Triumph feierten die Potsdamerinnen 2003/04, als sie im Endspiel des DFB-Pokals gegen den Dauer-Finalisten 1. FFC Frankfurt einen ungefährdeten 3:0-Sieg errangen. Conny Pohlers, Jennifer Zeitz und Anja Mittag schossen die Tore. Danach holten sie sich auch noch das Double. Die Entscheidung fiel am letzten Bundesliga-Spieltag, als der amtierende Meister 1. FFC Frankfurt vor 4.800 Zuschauern in seinem Stadion am Brentanobad den mit einem Punkt führenden Ta-

Schon wieder ein Tor! Insgesamt traf Conny Pohlers in der Saison 2005/06 36-mal. Hier freut sie sich über ihren Treffer im Pokalfinale 2006 gegen den 1. FFC Frankfurt, das Potsdam mit 2:0 gewann.

Deutscher Meister 2012: der 1. FFC Turbine Potsdam!

bellenführer 1. FFC Turbine Potsdam empfing. Mit einem Sieg hätte sich Frankfurt seinen vierten Meistertitel in Folge holen können. Daraus wurde nichts, denn die Gäste fertigten die Favoritinnen in ihrem eigenen Stadion mit 7:2 ab.

Triumph der „Tor-Bienen"

Ab der Saison 2003/04 war der deutsche Frauenfußball geprägt vom Duell Potsdam gegen Frankfurt. Im nächsten Jahr mussten sich die Turbinen in der Bundesliga zwar wieder hinter Frankfurt einreihen, doch im Pokalfinale – natürlich wieder gegen den 1. FFC – erzielten sie wie im Vorjahr ein 3:0. 2005/06 trafen die beiden Rivalen bereits zum dritten Mal in Folge im Pokalfinale aufeinander. Wieder setzte sich Potsdam durch, diesmal mit 2:0. In der Bundesliga, wo sie mit einem 2:0 gegen Frankfurt am vorletzten Spieltag Deutscher Meister wurden, zeigten sich die „Tor-Bienen" besondes treffsicher. 115 Saisontore und eine Tordifferenz von 102 Treffern bedeuteten einen neuen Saisonrekord. Conny Pohlers traf als Torschützenkönigin alleine 36-mal ins Netz.

Potsdam startet Meisterserie

In der Saison 2008/09 sicherten sich die Potsdamerinnen nach zwei titellosen Spielzeiten die Meisterschale ganz knapp vor den Frauen des FC Bayern München. 2009/10 stand der Meistertitel für Potsdam bereits nach einem 1:0-Sieg gegen den SC 07 Bad Neuenahr am vorletzten Spieltag fest. 2010/11 war es wieder eng. Die Potsdamerinnen gingen mit einem Punkt Vorsprung vor dem 1. FFC Frankfurt in ihr letztes Spiel gegen die SG Essen-Schönebeck. 7.000 Zuschauer im Karl-Liebknecht-Stadion sahen ihr Team bereits nach vier Minuten durch Treffer von Viola Odebrecht und Anja Mittag mit 2:0 vorne, am Ende hieß es 3:0. Wieder einmal hatten es die Turbinen den Frankfurterinnen gezeigt, denen selbst ein 8:2-Sieg gegen den FC Bayern München nichts mehr nützte.

Kampf gegen Jungs: Stefanie Mirlach und Alexandra Singer bei einem Testspiel von Turbine Potsdam gegen die A-Jugend von RB Leipzig im Juli 2012.

Mädchen gegen Jungs

In den Vereinen des DFB dürfen Mädchen heute maximal bis zum 14. Lebensjahr zusammen mit Jungen in gemischten Mannschaften spielen. Um seine Mädchen mehr zu fordern, lässt der 1. FFC Turbine Potsdam seine B-Juniorinnen seit 2005 in der C-Junioren-Kreisliga ausschließlich gegen Jungenmannschaften antreten. 2011/12 landete die U15 der Turbinen in der Jungs-Liga auf dem 3. Platz.

Auch die Wolfsburgerinnen drängen inzwischen an die Spitze: Wolfsburgs Nationalspielerin Alexandra Popp (rechts) behauptet den Ball gegen zwei Essener Spielerinnen. Szene aus dem Bundesliga-Spiel vom 14. Oktober 2012, Endstand 0:0.

„Einige der Männerprofis sind doch schon am Quengeln, wenn zweimal am Tag Training angesagt ist. Die sollten besser in den Kindergarten gehen. Da gibt es Mittagsschlaf und heiße Milch."

Der für sein hartes Training bekannte Potsdamer Trainer Bernd Schröder

Wechselprobleme
In den letzten Jahren gab es häufig Streit zwischen den beiden Machern Siegfried Dietrich und Bernd Schröder. Anlass war meist der Wechsel von Potsdamerinnen – etwa Conny Pohlers, Petra Wimbersky oder Ariane Hingst – nach Frankfurt. Aber natürlich holt sich auch Potsdam gute Spielerinnen. 2009 kam etwa Lira Bajramaj vom FCR Duisburg. Dass sie 2011 zum 1. FFC Frankfurt weiterzog, ist im Grunde also nur normal. In der letzten Zeit macht zudem der VfL Wolfsburg den Frankfurterinnen als Großeinkäufer Konkurrenz.

2012 Die Spitze ist breiter geworden

Mit dem vierten Meistertitel in Folge demonstrierten die Potsdamer Turbinen auch 2011/12 ihre herausragende Stellung im deutschen Frauenfußball. Auf Platz 2 landete mit drei Punkten Rückstand der in den letzten Jahren immer stärker gewordene VfL Wolfsburg, gefolgt von den üblichen Spitzenteams der letzten Jahre: dem 1. FFC Frankfurt und dem FCR Duisburg. Die Plätze 5 und 6 belegten die SGS Essen und der FC Bayern München. Die Münchnerinnen, immer wieder mal vorne mit dabei, konnten sich in dieser Spielzeit mit einem 2:0-Sieg gegen den 1. FFC Frankfurt auch erstmals in die Liste der Pokalsiegerinnen eintragen.

„Als ich nach Frankfurt kam, war ich ganz überrascht, dass man auch anders trainieren kann."

Petra Wimbersky zu ihrem Vereinswechsel von Potsdam nach Frankfurt

Die Überlegenheit der Potsdamerinnen scheint erdrückend. Wenn man genauer hinschaut, wird jedoch deutlich, dass die Spitze im deutschen Vereinsfußball der Frauen in den letzten Jahren breiter geworden ist. Schon 2008/09 war die Meisterschaft äußerst knapp ausgefallen, als die Bayern-Frauen mit nur einem Tor und die Duisburgerinnen mit nur einem Punkt Rückstand auf die Turbinen einliefen. Die Zeiten, als Turbine Potsdam und der 1. FFC Frankfurt sämtliche Titel unter sich ausmachten, sind wohl vorbei.

2013 Wer gibt den Ton an?

Auch 2012/13 zählten die Spitzenvereine der letzten Jahre zum Favoritenkreis. Neben dem Seriensieger aus Potsdam also auch der 1. FFC Frankfurt, der sich so leicht nicht die Butter vom Brot nehmen lassen will. Probleme bekam allerdings der FCR Duisburg, der Jahr für Jahr seine besten Spielerinnen ziehen lassen musste und dann auch wirtschaftlich ins Schlingern geriet.
Andere Topvereine früherer Zeiten spielen heute keine Rolle mehr. Der FFC Heike Rheine zum Beispiel, der erste selbstständige Frauenfußball-Verein in

Riesenjubel bei den Frauen des FC Bayern München: Sie holten den DFB-Pokal 2012.

Deutschland, 2004 mit der Torschützenkönigin Kerstin Garefrekes noch Dritter der Bundesliga, stürzte ab, nachdem zahlreiche Leistungsträgerinnen den Verein verlassen hatten. Von den „alten“ Traditionsvereinen mischt ansonsten nur der SC 07 Bad Neuenahr nach einer wechselvollen Geschichte mit Abstiegen und Wiederaufstiegen seit einiger Zeit wieder gut mit. Fester Bestandteil im Mittelfeld der Liga ist seit Jahren die SGS Essen.

Bei den Frauenteams der aus der Männer-Bundesliga bekannten Vereine ergibt sich ein gemischtes Bild. Der Hamburger SV zog im Jahr 2011 seine seit Jahren in der Bundesliga mitkickende Frauenmannschaft aus finanziellen Gründen zurück. Die Teams des SC Freiburg oder von Bayer Leverkusen bemühen sich, die Liga zu halten. Die Frauen des FC Bayern halten Anschluss an die Spitze. Den Meistertitel im Visier hat der Vorjahreszweite VfL Wolfsburg. Da der Großsponsor VW nicht nur mit den Männern, sondern auch mit den Frauen Erfolg haben will, wurde mächtig eingekauft. Bei den „Wölfinnen“ steht inzwischen mehr als die halbe deutsche Frauen-Nationalmannschaft unter Vertrag.

Auch 2012/13 ein ewig junges Duell in der Bundesliga: Tabea Kemme (links, Turbine Potsdam) und Lira Bajramaj (1. FFC Frankfurt) im Kampf um den Ball.

Europapokal

2002 Frankfurt gewinnt den Europapokal

In der Spielzeit 2001/02 wurde erstmals der Women's Cup, der Vorgänger-Wettbewerb der Champions League, ausgetragen. Durch Siege über die Däninnen von Odense BK und die Französinnen des FC Toulouse drang der Deutsche Meister 1. FFC Frankfurt ins Endspiel vor, für das als Austragungsort Frankfurt bestimmt war. Dort traf das Team von Trainerin Monika Staab am 23. Mai 2002 auf die starken Schwedinnen von Umea IK. Die von 12.000 Zuschauern angefeuerten Frankfurterinnen konnten den Heimvorteil nutzen. Steffi Jones und Birgit Prinz schossen die Tore zum 2:0-Sieg.

Europapokal-Sieger 2002: 1. FFC Frankfurt! Ergriffen präsentiert Torschützin Birgit Prinz die Trophäe auf den Schultern von Nia Künzer und Steffi Jones.

2005 Die Turbinen holen den Cup

2002/03 scheiterten die Frankfurterinnen im Halbfinale erst im Elfmeterschießen am späteren Cupsieger Umea IK. 2003/04 schafften sie es wieder ins Finale und trafen dort erneut auf Umea. Sie blieben chancenlos und verloren zweimal deutlich – 0:3 und 0:5. In der Cup-Saison 2004/05 vertrat der neue Deutsche Meister 1. FFC Turbine Potsdam die deutschen Farben im Women's Cup. Er zog mühelos ins Finale ein. Gegner war diesmal das neben Umea stärkste schwedische Team, Djurgarden Damfotboll. In Stockholm legten die Potsdamerinnen bereits ein 2:0 vor. Dann machten die Doppel-Torschützin Conny Pohlers sowie Petra Wimbersky am 21. Mai mit einem 3:1 im Karl-Liebknecht-Stadion alles klar. Die jubelnden Spielerinnen fuhren im offenen Doppeldeckerbus zum Potsdamer Rathaus, um sich dort auf dem Balkon ihren Fans zu präsentieren.

Mit einer Jubelraupe feiern die Potsdamer Turbinen 2005 ihren ersten Titel im Europapokal.

2006 – 2008
Weitere Frankfurter Triumphe

Am 20. und 27. Mai 2006 stieg das erste rein deutsche Finale im Women's Cup. Vor heimischer Kulisse gab es für den Titelverteidiger Potsdam zunächst eine unerwartete kalte Dusche. Renate Lingor (2), Sandra Albertz und Kerstin Garefrekes schossen für die von Trainer Hans-Jürgen Tritschoks hervorragend eingestellten Frankfurterinnen ein 4:0 heraus. Im Rückspiel durfte Potsdams Conny Pohlers zwar ebenfalls über zwei Auswärtstore jubeln, doch die Frankfurterinnen Steffi Jones, Birgit Prinz und Renate Lingor sicherten mit ihren Treffern den Sieg für Frankfurt. 13.200 Zuschauer im Stadion am Bornheimer Hang, das sich Manager Dietrich extra für dieses Endspiel gesichert hatte, feierten ihre Heldinnen.

Nachdem es 2007 keine deutsche Mannschaft ins Finale geschafft hatte, holten die Frankfurterinnen 2008 gegen Umea ihren dritten europäischen Titel. Im Hinspiel in Schweden trennten sich die beiden Teams 1:1, die Tore erzielten die beiden Stars. Das 1:0 der Brasilianerin Marta nach 11 Sekunden war das schnellste Tor der Europacup-Geschichte, Conny Pohlers traf in der 6. Minute zum Ausgleich. Beim Rückspiel am 24. Mai 2008 in der Frankfurter Commerzbank-Arena gab es einen neuen Zuschauerrekord im europäischen Frauen-Vereinsfußball. Vor 27.460 Zuschauern gewann der 1. FFC Frankfurt durch Tore von Conny Pohlers (2) und Petra Wimbersky mit 3:2. Zweimal Pohlers und einmal Wimbersky: Das war genauso wie vor drei Jahren, nur hatten die beiden damals das Trikot von Potsdam getragen.

Der Women's Cup
Startberechtigt beim Women's Cup waren zunächst alle europäischen Landesmeister. 33 Mannschaften nahmen bei der Erstaustragung 2001/02 teil. Die Vorrunde wurde in acht Miniturnieren zu je vier Teams ausgetragen. Deren Sieger waren für das Viertelfinale qualifiziert. In den nächsten Jahren durfte neben dem aktuellen Landesmeister auch der Titelverteidiger im Europapokal an den Start gehen. Mit Ausnahme von 2001/02, als es nur ein Endspiel gab, wurden die Finals in Hin- und Rückspiel ausgetragen.

Feuerwerk
Der historische erste Titel im Europapokal der Frauen wurde mit einem Feuerwerk gefeiert, das von FFC-Manager Dietrich extra vorbereitet worden war. Schließlich galt es ja nicht nur diesen Erfolg, sondern sogar ein „Triple" zu feiern. Am 11. Mai hatten die Frankfurterinnen den DFB-Pokal gewonnen, und in der Bundesliga stand aufgrund des großen Vorsprungs – am Ende sollten es 14 Punkte sein – der erneute Titelgewinn praktisch schon fest.

Nicht zu stoppen: Frankfurts Petra Wimbersky im Rückspiel des Europapokal-Finales 2008 gegen Umea aus Schweden. Sie erzielte den Treffer zum 3:1 (Endstand 3:2).

Elfmeter-Heldin: Im Champions-League-Finale 2010 gegen Olympique Lyon hält Potsdams Keeperin Anna Felicitas Sarholz nicht nur zwei Elfmeter, sondern verwandelte auch selbst einen.

2009 Die Löwinnen vernaschen Perm

2008/09 trug sich mit dem FCR Duisburg bereits der dritte deutsche Verein in die Siegerliste des Women's Cup ein. Er durfte als deutscher Vizemeister teilnehmen, da der 1. FFC Frankfurt bereits als Titelverteidiger qualifiziert war – und warf diesen dann im Viertelfinale mit 3:1 und 2:0 aus dem Wettbewerb. Nach einem erfolgreichen Halbfinale gegen Olympique Lyon lieferten die von Martina Voss trainierten Löwinnen im ersten Finale gegen den russischen Meister Swesda 2005 Perm ihr Meisterstück ab. Lira Bajramaj, Femke Maes (2) und Inka Grings (3) schossen im russischen Kasan einen 6:0-Sieg heraus. Im Rückspiel vor 28.112 Zuschauern in der Duisburger MSV-Arena genügte ein 1:1 für den Titelgewinn.

2010 Potsdam gewinnt die Champions League

Zur Saison 2009/2010 wurde der Europapokal-Wettbewerb der Frauen in „Women's Champions League" umbenannt. Es gab jetzt nur noch ein Endspiel, außerdem durften neben den Landesmeistern die jeweiligen Vizemeister der acht stärksten Verbände mitspielen. Da der Vorjahressieger auch weiterhin automatisch für den Wettbewerb qualifiziert war, konnten somit bis zu drei Vereine aus einem Land teilnehmen.

Für die im K.-o.-System ausgetragene Finalrunde der besten 32 Teams waren neben dem Meister Potsdam auch der deutsche Vizemeister Bayern München und der Titelverteidiger Duisburg qualifiziert. Während die Münchnerinnen im Achtelfinale gegen Montpellier ausschieden, trafen Duisburg und Potsdam in einem rein deutschen Halbfinale aufeinander. Es wurde eine enge Geschichte. Die Löwinnen gewannen ihr Heimspiel mit 1:0, doch im Rückspiel konterten die Turbinen und schafften in 90 Minuten ebenfalls ein 1:0. Nach einer torlosen Verlängerung ging es ins Elfmeterschießen. Dank der überragenden Torhüterin Anna Felicitas Sarholz, die gleich drei Schüsse hielt, setzte sich Potsdam mit 3:1 durch.

Endspielgegner am 20. Mai 2010 im spanischen Getafe war Olympique Lyon. Nach 120 torlosen Minuten und 18 Elfmeterschüssen hatten die Turbinen gegen die Französinnen das bessere Ende für sich. Zwar verschossen Jennifer Zietz und Anja Mittag, aber es gab ja noch die be-

We are the Champions! Die Löwinnen des FCR Duisburg nach dem Gewinn des Women's Cup 2009.

Sieger der Champions League 2010: der 1. FFC Turbine Potsdam.

währte junge Torhüterin Anna Felicitas Sarholz. Sie hielt zwei Elfmeter und verwandelte einen selbst, Potsdam gewann mit 7:6.

2011 – 2013

Turbine Potsdam schaffte es auch 2011 ins Finale, verlor aber diesmal gegen Lyon mit 0:2. 2012 scheiterten die Turbinen im Halbfinale an den Französinnen. Das Endspiel erreichte dagegen der deutsche Vizemeister 1. FFC Frankfurt durch einen Halbfinal-Erfolg gegen Arsenal London. Aber auch die Frankfurterinnen scheiterten dann mit 0:2 an dem starken Team aus dem Südosten Frankreichs.

Ob Olympique Lyon in den folgenden Jahren seine Spitzenstellung halten wird, ist keineswegs sicher. Die deutschen Vereine bleiben stark. Möglich ist aber auch, dass deutsche Spielerinnen mit anderen ausländischen Spitzenvereinen Titel holen. Anja Mittag wechselte 2012 zum schwedischen Meister LdB FC Malmö, Annike Krahn und Linda Bresonik verstärkten den titelhungrigen französischen Hauptstadtklub Paris St. Germain (PSG), der insgesamt 4,5 Mio. Euro in seine Frauenfußball-Abteilung steckte.

In der französischen Meisterschaft 2011/12 musste sich PSG allerdings noch hinter den bisher dominierenden Klubs Olympique Lyon und Juvisy FCF einreihen. Daher starteten auch diese beiden Teams in der Women's Champions League 2012/13. Hoffnungen, das Endspiel am 23. Mai 2013 im Londoner Stadion an der Stamford Bridge zu erreichen, durften sich aber auch andere Klubs machen. Neben den beiden Spitzenmannschaften aus Frankreich schafften es noch folgende Klubs bis ins Viertelfinale: der Mittag-Klub Malmö sowie der Kopparbergs/Göteborg FC aus Schweden, der Arsenal Ladies FC aus England, der FK Rossijanka aus Russland sowie der italienische Meister ASD Torres aus Sassari/Sardinien. Aus Deutschland war nur der Vizemeister, der aufstrebende VfL Wolfsburg, noch dabei. Der Deutsche Meister und zweifache Europapokalsieger Turbine Potsdam hatte sich bereits im Achtelfinale mit zwei knappen Niederlagen gegen die starken Ladys aus London verabschiedet.

Traurige Frankfurterinnen nach dem verlorenen Finale der Champions League 2011/12: Die verletzte Kim Kulig und ihre Mannschaftskollegin Ana-Maria Crnogorcevic.

Zahlen & Fakten (1)

Deutscher Rekordmeister ist mit neun Titeln die SSG Bergisch Gladbach. Danach folgen der 1. FFC Frankfurt (7), der TSV Siegen und der 1. FFC Turbine Potsdam (je 6).
Seit Gründung der Bundesliga im Jahr 1990/91 spielten bis 2012/13 insgesamt 45 Vereine in der höchsten deutschen Spielklasse. Bislang letzter Neuling war nach dem Aufstieg 2012 der FSV Gütersloh 2009. Als einziger Verein gehörte der 1. FFC Frankfurt der Liga bislang in allen 22 Spielzeiten an. Die Frankfurterinnen liegen mit weit über 1.000 gewonnenen Punkten auch in der „ewigen Tabelle" der Bundesliga deutlich vorne. Insgesamt wurden seit 1991 sieben verschiedene Vereine Deutscher Meister.

Deutsche Meister

1974 TuS Wörrstadt
1975 Bonner SC
1976 FC Bayern München
1977 SSG 09 Bergisch Gladbach
1978 SC 07 Bad Neuenahr
1979 – 1984 SSG 09 Bergisch Gladbach
1985 KBC Duisburg
1986 FSV Frankfurt
1987 TSV Siegen
1988 – 1989 SSG 09 Bergisch Gladbach
1990 – 1992 TSV Siegen
1993 TuS Niederkirchen
1994 TSV Siegen
1995 FSV Frankfurt
1996 TSV Siegen
1997 Grün-Weiß Brauweiler
1998 FSV Frankfurt
1999 1. FFC Frankfurt
2000 FCR Duisburg
2001 – 2003 1. FFC Frankfurt
2004 1. FFC Turbine Potsdam
2005 1. FFC Frankfurt
2006 1. FFC Turbine Potsdam
2007 – 2008 1. FFC Frankfurt
2009 – 2012 1. FFC Turbine Potsdam

Im DFB-Pokal der Frauen konnten sich von 1981 bis 2012 neun verschiedene Vereine die Trophäe sichern. Rekordhalter mit acht Pokalsiegen ist der 1. FFC Frankfurt vor dem TSV Siegen und dem FSV Frankfurt mit je fünf Titeln. Drei deutsche Vereine waren im Women's Cup bzw. in der Women's Champions League erfolgreich – so viele wie aus keinem anderen Land.

Deutsche Pokalsieger

1981 – 1982 SSG 09 Bergisch Gladbach
1983 KBC Duisburg
1984 SSG 09 Bergisch Gladbach
1985 FSV Frankfurt
1986 – 1989 TSV Siegen
1990 FSV Frankfurt
1991 Grün-Weiß Brauweiler
1992 FSV Frankfurt
1993 TSV Siegen
1994 Grün-Weiß Brauweiler
1995 – 1996 FSV Frankfurt
1997 Grün-Weiß Brauweiler
1998 FCR Duisburg
1999 – 2003 1. FFC Frankfurt
2004 – 2006 1. FFC Turbine Potsdam
2007 – 2008 1. FFC Frankfurt
2009 – 2010 FCR 2001 Duisburg
2011 1. FFC Frankfurt
2012 FC Bayern München

Deutsche Sieger Women's Cup / Women's Champions League

2002 1. FFC Frankfurt
2005 1. FFC Turbine Potsdam
2006 1. FFC Frankfurt
2008 1. FFC Frankfurt
2009 FCR 2001 Duisburg
2010 1. FFC Turbine Potsdam

Zahlen & Fakten (2)

Stadien

Die Stadien der Frauen-Bundesliga sind weitaus kleiner als die Stadien der Männer-Bundesliga. Nur drei Stadien haben mehr als 10.000 Plätze. In der größten Arena, dem 18.000 Zuschauer fassenden Möslestadion, treten die Frauen des SC Freiburg an.

Zuschauer

In den ersten Jahren der Bundesliga lag der Zuschauerschnitt bei nur etwa 200. Seit dem WM-Sieg der deutschen Frauen-Nationalmannschaft 2003 stiegen die Zuschauerzahlen an. In der Saison 2011/12 gab es mit einem Zuschauerschnitt von 1.121 und einer Gesamt-Zuschauerzahl von 148.008 einen neuen Rekord. Den höchsten Schnitt hatten Turbine Potsdam mit 2.533 und der 1. FFC Frankfurt mit 2.446 Zuschauern. Die meisten Zuschauer gab es 2011/12 beim Spiel VfL Wolfsburg gegen 1. FFC Frankfurt mit 8.689 Zuschauern. Es war zugleich die höchste Zuschauerzahl seit der Gründung der Frauen-Bundesliga. Der Besucherrekord für ein Frauen-Vereinsspiel in Deutschland wurde am 15. Mai 2010 beim DFB-Pokal-Finale in Köln aufgestellt. 26.282 Zuschauer sahen den 1:0-Sieg des FCR Duisburg gegen den FF USV Jena.

Fernsehen

Während das Finale des DFB-Pokals von ARD und ZDF seit einigen Jahren live übertragen wird, kommt die Bundesliga im Fernsehen nur am Rande vor. Spiele des 1. FFC Frankfurt und des 1. FFC Turbine Potsdam werden in regionalen Sportsendungen gezeigt (vom Hessischen Rundfunk bzw. vom Rundfunk Berlin-Brandenburg). Seit 2006/07 zeigt die ARD in der *Sportschau* Ausschnitte aus Spitzenspielen, dazu können Spiele auf dem Internetportal des DFB abgerufen werden.

Das Stadion am Brentanobad, in dem der 1. FFC Frankfurt seine Heimspiele austrägt, gehört mit 5.200 Plätzen zu den kleineren der Liga.

Finanzen

Dem 1. FFC Frankfurt standen 2011/12 durch große Sponsoren wie die Commerzbank und die Generali-Versicherung rund 1,8 Mio. Euro zur Verfügung. Andere Bundesliga-Vereine liegen weit darunter, kommen nicht einmal auf 500.000 Euro. Zum Vergleich: Beim FC Bayern München beliefen sich alleine die Spielergehälter des Männerteams in der Saison 2012/13 auf rund 100 Mio. Euro.

Gehälter

Selbst die besten Fußballerinnen verdienen zu wenig, um auch nach dem Karriereende versorgt zu sein. Spielerinnen beim Spitzenklub 1. FFC Frankfurt kommen auf Monatsgehälter zwischen 4.000 und 5.000 Euro. Hoch sind allerdings die Einnahmen der Topverdienerin Lira Bajramaj. Sie soll beim 1. FFC Frankfurt ein Jahresgehalt von rund 130.000 Euro beziehen, ihre jährlichen Einnahmen durch Werbeverträge werden auf 80.000 Euro geschätzt. Zum Vergleich: Bastian Schweinsteigers Einkommen wird auf rund 13 Mio. Euro geschätzt.

Ausländische Spielerinnen

Die Bundesliga gilt als eine der stärksten Frauenfußball-Ligen der Welt. Daher kommen immer mehr ausländische Spitzenspielerinnen nach Deutschland. In der Saison 2011/12 waren es 65 Spielerinnen aus 21 Nationen. Genoveva Anonma (Turbine Potsdam) aus dem afrikanischen Äquatorialguinea war in dieser Saison als erste ausländische Spielerin Torschützenkönigin.

Frauen-Stadion?
„Und wie soll dann bitte so ein Stadion heißen? Vielleicht Ernst-Kuzorra-seine-Frau-ihr-Stadion?“, erwiderte Ex-Bundespräsident Johannes Rau auf den Vorschlag, das Stadion in Gelsenkirchen nach einer Frau zu benennen (Ernst Kuzorra war in den 1930er Jahren ein Star des FC Schalke 04). Dabei wäre es eigentlich gar nicht so schwierig. In Brasilien gibt es zum Beispiel das Estádio Maria Lamas Farache des Vereins ABC FC Natal. Es ist nach der Frau eines ehemaligen Vereinspräsidenten benannt.

Kozue Ando vom FCR Duisburg ist nur eine von drei japanischen Weltmeisterinnen, die in der Bundesliga kicken. Die anderen sind Saki Kumagai vom 1. FFC Frankfurt und Yuki Ogimi von Turbine Potsdam.

Lira Bajramaj vom 1. FFC Frankfurt zählt nicht nur zu den glamourösesten Kickerinnen, sondern auch zu den Topverdienerinnen.

Zahlen & Fakten (3)

Die Vereine und ihre Namen

Die führenden Vereine im deutschen Frauenfußball lassen sich grob in drei Gruppen aufteilen:

- Frauenfußball-Abteilungen von großen Männer-Profivereinen (Bayern München, VfL Wolfsburg u. a.)
- reine Frauenfußball-Vereine, die sich meist von einem anderen Verein abgekoppelt und als Frauenfußballclub (FFC) neu gegründet haben (1. FFC Frankfurt, 1. FFC Turbine Potsdam u. a.)
- Frauenfußball-Abteilungen aus Breitensportvereinen (SGS Essen, VfL Sindelfingen u. a.).

Auch bei den Frauen erfolgreich: Der FC Bayern wurde 1976 Deutscher Meister und 2012 DFB-Pokalsieger.

In der Geschichte der Frauenfußball-Vereine gab es zahlreiche Namensänderungen, Auflösungen, Neugründungen und Übertritte. Betroffen davon waren auch folgende Meisterklubs:

- Die Frauenfußball-Abteilungen des KBC Duisburg und des FSV Frankfurt (beide gegr. 1970) wurden in den 1990er Jahren bzw. 2006 aufgelöst.
- Die Frauenfußball-Abteilung des TSV Siegen (gegr. 1974) wurde 1997 durch den Verein Sportfreunde Siegen übernommen.
- Die Frauenfußball-Abteilung der SSG Bergisch Gladbach 09 (gegr. 1976) wechselte 1996 zum TuS Köln. Diese löste sich 2008 auf und formierte sich bei Bayer 04 Leverkusen neu.
- Die Frauenfußball-Abteilung von Grün-Weiß Brauweiler (gegr. 1974) wurde im Juli 2000 als FFC Brauweiler-Pulheim neu gegründet. Im Juli 2009 erfolgte der Übertritt zum 1. FC Köln.
- Vorläufer des FCR 2001 Duisburg war der FCR Duisburg 55 (1997 – 2001). Dessen Vorläufer war wiederum die Frauenabteilung des FC Rumeln-Kaldenhausen (1977-97).
- Keimzelle des 1998 gegründeten 1. FFC Frankfurt war die Frauenfußball-Abteilung der SG Praunheim (1973 – 1998).
- Der 2008 gegründete 1. FFC 08 Niederkirchen e.V. ist Nachfolger des TuS Niederkirchen (gegr. 1969).
- Der 1999 gegründete 1. FFC Turbine Potsdam ging aus der seit 1971 bestehenden Frauenfußball-Abteilung der BSG Turbine Potsdam hervor.

Zählt inzwischen zu den Großen im Frauenfußball: der VfL Wolfsburg.

Alle zwanzig

Das höchste Ergebnis in der Geschichte des Frauenpokals ist ein 20:0. Dieses Resultat kam gleich zweimal zustande, und zwar in den Partien Karlsruher SC – 1. FFC Frankfurt (0:20, 2001/02) und FC Oberland – FFC Heike Rheine (0:20, 2003/04).

Dauerfeuer
Am 17.4.2006 stand die Torhüterin Verena Volz unter Dauerfeuer, als sie mit ihrem FSV Frankfurt im Bundesliga-Rekordspiel gegen den 1. FFC Frankfurt 17-mal hinter sich greifen musste. Die Torfolge: 1:0 Pia Wunderlich (8.), 2:0 Sandra Albertz (16.), 3:0 Renate Lingor (22., Foulelfmeter), 4:0 Sandra Albertz (25.), 5:0 Pia Wunderlich (26.), 6:0 Nia Künzer (28.), 7:0 Kerstin Garefrekes (30.), 8:0 Birgit Prinz (38.), 9:0 Birgit Prinz (39.), 10:0 Kerstin Garefrekes (49.), 11:0 Nia Künzer (52.), 12:0 Sandra Albertz (56.), 13:0 Louise Hansen (65.), 14:0 Birgit Prinz (68.), 15:0 Louise Hansen (73.), 16:0 Birgit Prinz (76.), 17:0 Susanne Hartel (85.).

17. April 2006: Birgit Prinz (1. FFC Frankfurt, rechts) hilft Deniz Özer (FSV Frankfurt) auf die Beine. Das konnte die kaum trösten, denn der FSV verlor an diesem Tag mit 0:17.

Bundesliga-Rekorde

Die meisten Punkte: 1. FFC Frankfurt (63 Punkte, 2004/05)
Die meisten Tore: 1. FFC Turbine Potsdam (115 Treffer, 2005/06)
Die meisten Siege: FSV Frankfurt (1994/95 alle Spiele gewonnen)
Größter Vorsprung eines Meisters: FCR Duisburg (15 Punkte, 1999/00)
Das beste Torverhältnis: 1. FFC Turbine Potsdam (+ 102, 2005/06).
Höchster Sieg: 1. FFC Frankfurt – FSV Frankfurt 17:0 (2005/06)
Die wenigsten Punkte: 0 (1. FC Neukölln 1990/91, FFC Brauweiler Pulheim 2006/07)
Das schlechteste Torverhältnis: FSV Frankfurt (–137, 2005/06)

Rekorde von Spielerinnen

Meiste Tore pro Saison: Inka Grings (FCR Duisburg, 38 Tore 1999/2000)
Rekord-Torschützenköniginnen: Inka Grings (6 x), Heidi Mohr (5 x), Birgit Prinz (4 x), Conny Pohlers (3 x)
Meiste Tore in einem Spiel: Heidi Mohr (TuS Niederkirchen, 7 Tore, 3.3.1991 gegen die SG Praunheim)
Am längsten ohne Gegentor: Katja Kraus (FSV Frankfurt, 1.314 Minuten, 1996/97)

Torfrau Katja Kraus (FSV Frankfurt) hatte 1996/97 Grund zum Lächeln: Sie blieb 1.314 Minuten ohne Gegentor.

Nicht nur 2009 erhielt Inka Grings als beste Torschützin die Torjägerkanone. Insgesamt war sie sechsmal Torschützenkönigin, ein einmaliger Rekord.

TRIUMPHE IN SCHWARZ-ROT-GOLD

Die deutsche Nationalmannschaft

FINLAND 2009
FIFA

1970er Jahre

Inoffizielle WM-Turniere

„Der DFB hat uns 1981 zum Weltpokal nach Taiwan geschickt, aber außer Wimpeln und Ansteckern haben wir keine Unterstützung erhalten."

Hans Gronewold, Manager der SSG 09 Bergisch Gladbach

Die ersten inoffiziellen WM-Turniere waren große Publikumserfolge. 1970 sahen in Turin 35.000 Zuschauer das Finale des Weltpokal-Turniers, das von dem Spirituosen-Produzenten Martini & Rossi gesponsert worden war. Dänemark gewann mit 2:0 gegen die Gastgeberinnen. Im Jahr darauf kamen bei einer weiteren inoffiziellen WM 110.000 (!) Zuschauer ins Aztekenstadion von Mexiko-Stadt, um erneut Dänemark siegen zu sehen, diesmal mit 3:0 gegen Gastgeber Mexiko. Schließlich folgte 1981 das erste von mehreren Weltpokal-Turnieren in Taiwan, an dem die SSG 09 Bergisch Gladbach quasi als deutsche Nationalmannschaft teilnahm – und gewann. Nun machte sich endlich auch der DFB Gedanken, dass es an der Zeit sein könnte, eine offizielle deutsche Nationalmannschaft ins Leben zu rufen.

Mannschaftsfoto der ersten elf Frauen, die offiziell im deutschen Trikot aufliefen. Allein acht Spielerinnen kamen aus Bergisch-Gladbach, zwei weitere vom FSV Frankfurt sowie eine vom SC 07 Bad Neuenahr.

10. November 1982: Spielführerin Anne Trabant von der SSG 09 Bergisch Gladbach (rechts) vor dem ersten Länderspiel der deutschen Nationalmannschaft gegen die Schweiz in Koblenz.

„Viele Männer waren nur gekommen, um den Trikottausch nach dem Spiel zu sehen. So ein Schwachsinn!"

Silvia Neid zum ersten Länderspiel der Frauen-Nationalmannschaft im Jahr 1982

1982 Erstes Frauen-Länderspiel für den DFB

Im Jahr 1981 leistete der damalige Vorzeigeverein SSG 09 Bergisch Gladbach wichtige Starthilfe bei der Gründung einer Nationalmannschaft. Anne Trabant wurde zur Co-Trainerin des ersten Frauen-Bundestrainers Gero Bisanz erkoren. Außerdem führte sie die DFB-Auswahl, die zunächst fast ausschließlich aus Spielerinnen der SSG bestand, beim ersten Länderspiel am 10. November 1982 gegen die Schweiz als Kapitänin aufs Feld. 5.000 Zuschauer in Koblenz-Oberwerth sahen das Spiel, das 2 x 35 Minuten dauerte und mit einem kleinen Ball Größe 4 durchgeführt wurde. Doris Kresimon erzielte in der 25. Minute das erste Länderspiel-Tor. Die damals 18-jährige Silvia Neid, die über 20 Jahre später selbst Bundestrainerin werden sollte, steuerte nach ihrer Einwechslung in der 41. Minute zwei Treffer zum 5:1-Sieg bei.

1984 – 1987

EM-Turniere ohne Deutschland

Für die beiden ersten Europameisterschaften konnte sich die deutsche Auswahl nicht qualifizieren. Das erste EM-Finale im Mai 1984 zwischen Schweden und England wurde noch mit Hin- und Rückspiel ausgetragen. Als es nach beiden Spielen 1:1 stand, kam es zum Elfmeterschießen. Pia Sundhage verwandelte den entscheidenden Elfme-

ter für die Schwedinnen, die 4:3 siegten und erster offizieller Europameister wurden.

Die deutsche Nationalmannschaft verschaffte sich wenig später Respekt, als sie im ersten Länderspiel gegen England überhaupt mit 2:0 gewann. Die zweite Europameisterschaft 1987 – die nun mit 2 x 40 Minuten Spielzeit und einem normal großen Ball durchgeführt wurde – fand jedoch wieder ohne die Auswahl von Gero Bisanz statt. Gastgeber Norwegen gewann im Endspiel in Oslo mit 2:1 gegen den Titelverteidiger Schweden.

1988 Test-WM in China

Nachdem in den 1980er Jahren vor allem Norwegen, das im Frauenfußball führend war, immer mehr auf die Ausrichtung einer Weltmeisterschaft gedrängt hatte, gab der Weltverband FIFA schließlich nach und beschloss die Durchführung einer Test-WM in China. Zwölf Nationalmannschaften aus allen sechs Fußballkontinenten nahmen daran teil, Deutschland war allerdings noch nicht dabei. Vor 30.000 Zuschauern in Guangzhou gewann Norwegen das Finale gegen Schweden mit 1:0. Das Turnier war ein voller Erfolg, so dass einer offiziellen WM nun nichts mehr im Weg stand.

Doris Kresimon, die erste Nummer 9 der deutschen Frauen-Nationalelf. Szene aus dem Spiel gegen Dänemark am 1. Mai 1983 (1:1).

China war genau das richtige Land für eine Test-WM des Frauenfußballs. Denn hier haben Frauen schon vor Jahrhunderten fußballähnliche Spiele betrieben. Das Gemälde des Malers Du Jin, der im 15. Jahrhundert lebte, zeigt elegant gekleidete Damen, die sich den Ball zukicken.

Eine Geldprämie gab es 1989 noch nicht. Als Belohnung für den Gewinn des EM-Titels erhielt jede deutsche Spielerin dieses hübsche Kaffeeservice.

Torfrau Marion Isbert wird im EM-Halbfinale 1989 gegen Italien zum großen Rückhalt.

1989 Deutsche Frauen erstmals Europameister

Im dritten Anlauf schaffte die deutsche Nationalmannschaft erstmals die Qualifikation für eine EM. Der DFB bewarb sich um die Ausrichtung des Finalturniers der letzten vier und erhielt den Zuschlag.

Das Halbfinale Deutschland – Italien am 28. Juni 1989 vor 8.000 Zuschauern im Leimbachstadion von Siegen wurde zu einem Meilenstein in der Geschichte des Frauenfußballs in Deutschland. Erstmals wurde ein Frauenfußball-Spiel live von der ARD übertragen, Sabine Töpperwien kommentierte. Rund 6 Millionen Zuschauer verfolgten das Geschehen am Bildschirm. Sie sahen ein spannendes und verbissen geführtes Spiel, in dem Silvia Neid die deutsche Führung und Elisabetta Vignotto den Ausgleich für Italien erzielte. Nach den 80 Minuten der regulären Spielzeit und einer torlosen Verlängerung von 2 x 10 Minuten stand es immer noch 1:1. Es folgte ein Elfmeter-Drama, in dem die deutsche Torhüterin Marion Isbert zur ersten von den Medien gefeierten Heldin des deutschen Frauenfußballs aufstieg. Erst hielt sie drei Elfmeter, dann trat sie auch noch selbst an und verwandelte zum 4:3-Sieg.

Sensationelle 22.000 Zuschauer sahen am 2. Juli im Osnabrücker Stadion an der Bremer Brücke das Finale gegen das favorisierte Team aus Norwegen. Die deutsche Auswahl gewann mit 4:1 gegen den Titelverteidiger und holte damit ihre erste EM-Trophäe. Der Triumph nach einem tollen Spiel mit Toren von Ursula Lohn (2), Heidi Mohr und Angelika Fehrmann sorgte dafür, dass der Frauenfußball nun kaum noch belächelt wurde.

EM 1989: Silvia Neid freut sich im Endspiel gegen Norwegen mit Torschützin Angelika Fehrmann.

Die Europameisterinnen von 1989

*62. Fehrmann, **27. Bindl

1991 Mit Mohr-Toren zum zweiten EM-Titel

Bei der nächsten Europameisterschaft im Sommer 1991 in Dänemark schaffte es die deutsche Auswahl erneut ins Finale, wieder hieß der Gegner Norwegen. Heidi Mohr glich die Führung der Norwegerinnen aus und brachte ihr Team damit in die Verlängerung. In der 83. Minute schloss sie ein prächtiges Solo von der Mittellinie mit einem satten Linksschuss ab. Zwei Minuten später vollstreckte die später zur besten EM-Spielerin gekürte Silvia Neid per Flachschuss zum Endstand von 3:1. Die deutschen Frauen hatten als erste Mannschaft ihren Titel verteidigt!

1991 Erste WM in China

Neben vier weiteren europäischen Mannschaften war der Europameister Deutschland für die erste offizielle Fußball-Weltmeisterschaft der Frauen qualifiziert, die im November 1991 mit insgesamt zwölf Teams in China stattfand. Die DFB-Elf erreichte in ihrer Gruppe vor Italien, Chinese Taipei (Taiwan) und Nigeria mit 6:0 Punkten und 9:0 Toren souverän Platz 1. Im Halbfinale gegen die spielstarken und athletischen Amerikanerinnen blieb sie aber chancenlos und verlor 2:5. Auch das Spiel um Platz 3 gegen die robusten und taktisch klugen Schwedinnen ging mit 0:4 verloren. Den ersten offiziellen WM-Titel im Frauenfußball gewannen die USA, die Norwegen im Finale vor 63.000 Zuschauern in Guangzhou mit 2:1 besiegten.

Der erste Bundestrainer
Gero Bisanz, der die Trainerausbildung beim DFB leitete, übernahm 1982 die neu gegründete Damen-Nationalmannschaft. Er überraschte mit teils seltsamen Methoden. Die Nationalspielerinnen mussten zum Beispiel den Handstand üben oder barfuß durchs feuchte Gras joggen. Vor dem EM-Finale 1989 wollte er die Norwegerinnen schocken, indem er sein Team vor deren Hotel zu gymnastischen Übungen antreten ließ.

Nur ein Spiel der DDR-Nationalmannschaft
Im Jahr 1989 wurde auch in der ehemaligen DDR eine Nationalmannschaft gebildet. Diese trat dann jedoch wegen der politischen Wende nur ein einziges Mal an. Am 9. Mai 1990 verlor die DDR-Auswahl im Karl-Liebknecht-Stadion in Potsdam-Babelsberg vor etwa 800 Zuschauern gegen die Tschechoslowakei mit 0:3. Die Kapitänsbinde trug Sybille Brüdgam, die wenig später Turbine Potsdam in die Bundesliga führte.

Die erfolgreichen Europameisterinnen von 1991.

Trainerwechsel

Gero Bisanz übergab das Traineramt 1996 an Tina Theune-Meyer. Die bisherige Co-Trainerin hatte unter Bisanz' Anleitung an der Sporthochschule Köln als erste Frau in Deutschland 1985 die Fußball-Lehrer-Lizenz erworben. Wie ihr Vorgänger pflegte sie manch eigenwillige Methode: So wies sie ihre Spielerinnen an, sich zur Ankündigung eines Abspiels ein lautes „Zosch" zuzurufen, und als „Heißmacher" setzte sie während der Fahrten zu wichtigen Spielen auf militärische Marschmusik.

Gero Bisanz und seine langjährige Co-Trainerin Tina Theune-Meyer (1989).

Auch bei der EM 1995 gab es Grund zum Feiern: Silvia Neid, Birgit Prinz, Martina Voss und Heidi Mohr freuen sich mit Bettina Wiegmann, die im Finale soeben das 3:1 gegen die Schweden erzielt hat.

1995 und 1997
Weitere EM-Titel

Bei der EM 1993 in Italien ging die deutsche Frauen-Nationalmannschaft als Favorit an den Start. Sie scheiterte im Halbfinale gegen den Gastgeber im Elfmeterschießen (1:1, 3:4 i.E.). Im Finale besiegte Norwegen die italienische Auswahl mit 1:0 und gewann damit seinen zweiten Titel. Dann war es aber auch schon vorbei mit Siegern aus anderen Ländern. Denn ab jetzt gewann bei Europameisterschaften nur noch Deutschland!

1995 wurden die Spiele erstmals mit der bei den Männern üblichen Spielzeit von 2 x 45 Minuten durchgeführt. Endspielort war Kaiserslautern. Deutschland setzte sich durch Tore von Maren Meinert, Birgit Prinz und Bettina Wiegmann mit 3:2 gegen Schweden durch – und war mit diesem dritten Titel ab sofort Rekord-Europameister.

Beim anschließenden WM-Turnier in Schweden erreichte die deutsche Mannschaft erneut das Finale, musste sich dort aber Norwegen mit 0:2 geschlagen geben. Zwei Jahre später war in Norwegen wieder ein Titel fällig. Nach einem 1:0 im Halbfinale gegen Schweden gewann die deutsche Elf das EM-Finale in Oslo gegen Italien durch Tore von Sandra Minnert und Birgit Prinz mit 2:0. Die deutschen Frauen freuten sich ausgelassen über ihren Erfolg. Enttäuschend allerdings war die Zuschauerkulisse: Nur 2.221 Zuschauer wollten das Endspiel sehen.

Eröffnungsspiel der WM 1999 im Giants Stadium in New York: Die USA besiegten Dänemark mit 3:0.

Die Europameisterinnen von 2001

*55. C. Müller

Olympiabronze
Im Jahr 1996, als der Frauenfußball olympisch wurde, schied die deutsche Auswahl bereits in der Gruppenphase aus. Die Goldmedaille bei den Spielen von Atlanta gewann die Mannschaft der USA mit einem 2:1-Finalsieg gegen China. Es war eines der bis dahin besten und spannendsten Spiele im Frauenfußball. 2000 in Sydney, als sich Norwegen mit einem 3:2 gegen die USA Gold schnappte, konnten sich die deutschen Nationalspielerinnen nach einem 2:0-Sieg gegen Brasilien im Spiel um Bronze die erste Medaille um den Hals hängen.

1999 Grandiose WM in den USA

Ganz anders als zwei Jahre zuvor bei der EM in Norwegen war das Interesse beim dritten WM-Turnier in den USA geradezu überwältigend. 16 Teams, darunter fünf aus Europa, waren diesmal dabei. Das Finale in der Pasadena-Rose-Bowl-Arena sahen 90.185 Zuschauer – ein bis heute gültiger Rekord! Prominentester Besucher war der US-Präsident Bill Clinton. Geschätzte 16 Millionen Fernsehgeräte waren allein in den USA eingeschaltet. Leider sahen sie keinen Triumph der deutschen Nationalelf. Denn die war, nach eher mäßigen Leistungen in der Vorrunde, bereits im Viertelfinale mit 2:3 an den Amerikanerinnen um die Stars Mia Hamm und Michelle Akers gescheitert. Die Amerikanerinnen lieferten sich mit den Chinesinnen ein packendes Finale, das sie nach torlosen 120 Minuten mit 5:4 im Elfmeterschießen für sich entschieden. Brandi Chastain verwandelte den entscheidenden Elfmeter gegen Chinas Keeperin Gao Hong, riss sich das Trikot vom Leib und jubelte ausgelassen – es war ein Bild, das um die Welt ging.

2001 EM-Titel Nummer 5

Bei der EM 2001 – die Turniere wurden jetzt nur noch alle vier Jahre ausgetragen – war zum zweiten Mal Deutschland Gastgeber. Erstmals sollte die neue Golden-Goal-Regel zur Anwendung kommen. Danach ist ein Spiel in der Verlängerung sofort vorbei, sobald eine Mannschaft ein Tor erzielt hat.
Die deutsche Mannschaft gewann ihre Spiele zunächst fast mühelos. 3:1 gegen Schweden, 5:0 gegen Russland, 3:0 gegen England lauteten die Ergebnisse. Nur beim 1:0 gegen Norwegen im Halbfinale lief es nicht ganz so locker. Endspielgegner war wieder einmal Schweden.
Es regnete in Strömen, die Schwedinnen verteidigten sich tapfer gegen den Favoriten und schafften es in die Verlängerung.
Dann aber ging es ganz schnell. In der 98. Minute machte Claudia Müller das „Golden Goal“ und damit ihr Team zum Sieger.

Doris Fitschen, die 1989 schon dabei war und damals zur besten Spielerin der EM gewählt wurde, gewann 2001 noch einmal den EM-Pokal.

2003 Weltmeister Deutschland

Beim vierten WM-Turnier, wieder in den USA, zeigte die deutsche Auswahl eindrucksvolle Leistungen. Gegen Kanada, Japan und Argentinien gewann sie alle Gruppenspiele mit 13:2 Toren problemlos. Im Viertelfinale fertigte sie Russland mit 7:1 ab. Im Halbfinale ging es gegen den Gastgeber, Titelverteidiger und zweimaligen Weltmeister USA. Es war lange Zeit ein enges Spiel. Nach der frühen 1:0-Führung durch Kerstin Garefrekes versuchten die Amerikanerinnen alles. Doch die überragende Torfrau Silke Rottenberg, später zur besten Torhüterin gewählt, hielt ihren Kasten mit sensationellen Paraden sauber. Erst kurz vor dem Abpfiff fiel die Entscheidung durch zwei späte Treffer von Maren Meinert und Birgit Prinz.

Im Finale trafen die Deutschen auf ihren Dauer-Widersacher Schweden. Die Führung der Skandinavierinnen durch Hanna Ljungberg (41.) glich Maren Meinert unmittelbar nach der Pause (46.) aus. Danach entwickelte sich ein packendes Spiel mit zahlreichen Chancen auf beiden Seiten, doch ohne weitere Treffer. Die Entscheidung fiel schließlich nach einem Freistoß in der 98. Minute der Verlängerung. Renate Lingor zirkelte den Ball in den Strafraum. Die kurz zuvor eingewechselte, nur 1,68 Meter große, aber dennoch als Kopfball-Ungeheuer gefürchtete Nia Künzer schraubte sich hoch und drückte, von ihrer Gegenspielerin vergeblich bedrängt, mit ihrer Stirn den Ball ins Netz. 2:1 für Deutschland! Und das Spiel war aus!

Wieder war es ein „Golden Goal“, das Deutschland einen Titel bescherte. Sowohl bei den Spielerinnen wie

Die Weltmeisterinnen von 2003

**88. Künzer, **76. M. Müller

Nach dem WM-Finale 2003: Die Spielerinnen jubeln mit Bettina Wiegmann, die den seit 1999 verliehenen „FIFA Women's World Cup“ in die Höhe reckt.

Nia Künzers „Golden Goal“ im WM-Finale 2003. Mit diesem Treffer, der später zum „Tor des Jahres“ gewählt werden sollte, wurde sie berühmt.

bei den Fans zuhause herrschte eine riesige Begeisterung. Nach ihrer Rückkehr ließen sich die Weltmeisterinnen auf dem Balkon des Frankfurter Rathauses von einer jubelnden Menge feiern. Das Team um Birgit Prinz, die zur besten Spielerin des Turniers gewählt worden war, hatte durch seine mitreißenden Vorstellungen bei der WM eine enorme Begeisterung entfacht. So war es nur logisch, dass die Frauen-Nationalmannschaft wenig später erstmals zu Deutschlands Mannschaft des Jahres gewählt wurde.

2005 Schon wieder Europameister

Vor der Europameisterschaft 2005 in England wurde von der deutschen Elf wie selbstverständlich der Gewinn des Titels erwartet. Sie holte ihn auch, diesmal allerdings mit weniger glanzvollen Leistungen. Im Endspiel gegen Norwegen schienen Inka Grings und Renate Lingor mit einem Doppelschlag in der 22. und 24. Minute bereits für eine Vorentscheidung gesorgt zu haben. Doch die Norwegerinnen konnten kurz vor der Pause verkürzen. In der zweiten Hälfte setzte schließlich Birgit Prinz mit ihrem Tor zum 3:1 den Schlusspunkt. Der sechste EM-Titel war perfekt, und Bundestrainerin Tina Theune-Meyer sagte nun Adieu. Mit einem Welt- und drei Europameistertiteln schied sie als erfolgreichste Trainerin der Welt aus dem Amt. Die Nachfolge übernahm ihre bisherige Assistentin Silvia Neid.

Algarve-Cup
Den Algarve-Cup, der seit 1994 alle zwei Jahre im März ausgetragen wird, gewannen die sieggewohnten deutschen Frauen erstmals 2006. Dieses Frühjahrsturnier in Portugal ist als eine Art Trainingslager mit Wettkampf-Atmosphäre sehr beliebt und wird nicht von allen Teams so ernst genommen wie eine WM. Die Norwegerinnen und Amerikanerinnen haben bisher am häufigsten gewonnen. Seit 2008 gibt es noch ein zweites Frühjahrsturnier, den sogenannten Cyprus-Cup.

Die deutschen Fans bereiteten den Weltmeisterinnen einen überwältigenden Empfang am Frankfurter Römer.

Simone Laudehr lüftet nach ihrem vorentscheidenden 2:0 gegen die Brasilianerinnen verzückt ihr Trikot.

2007 Zweiter WM-Titel für Deutschland

Unter der neuen Bundestrainerin Silvia Neid knüpfte die deutsche Mannschaft nahtlos an die bisherigen Erfolge an. Sie qualifizierte sich mühelos für das fünfte WM-Turnier in China und startete dort mit einem 11:0 gegen hoffnungslos überforderte Argentinierinnen. Zu null endeten auch die weiteren Gruppenspiele gegen England und Japan. Und so ging es weiter. Im Viertelfinale gegen den Geheimfavoriten Nordkorea und im Halbfinale gegen den Dauerrivalen Norwegen gelang jeweils ein ungefährdetes 3:0. Das deutsche Frauenteam stand damit zum dritten Mal in einem WM-Endspiel – das war ein neuer Rekord.

31.000 Zuschauer im Stadion von Shanghai und Millionen Zuschauer vor den Fernsehern in Deutschland waren nun gespannt, ob es dem Team von Silvia Neid als erster Mannschaft im Frauenfußball gelingen würde, im Finale gegen Brasilien den Weltmeistertitel zu verteidigen. Das Spiel war auch das Duell der ehemaligen Weltfußballerin Birgit Prinz gegen die aktuell weltbeste Spielerin Marta. Nach einer torlosen ersten Halbzeit setzte Birgit Prinz mit ihrem Treffer in der 52. Minute das erste Ausrufezeichen. In der 64. Minute dann beinahe der Ausgleich, als Marta zu einem Foulelfmeter antrat – doch die schon während des gesamten Turniers überragende Torwart-Titanin Nadine Angerer konnte parieren. Schließlich erzielte Simone Laudehr in der 86. Minute per Kopfball den Treffer zum 2:0-Endstand.

Nadine Angerer ließ bei der WM 2007 keinen Treffer zu, auch nicht gegen den brasilianischen Weltstar Marta. Wie 2003 Silke Rottenberg erhielt sie den „Goldenen Handschuh“, die Auszeichnung für die beste Torhüterin des Turniers.

Die Weltmeisterinnen von 2007.
Oben v.l.n.r.: Stegemann, Krahn, Angerer, Prinz, Bresonik, Garefrekes.
Unten: Hingst, Lingor, Behringer, Smisek, Laudehr.

Die Weltmeisterinnen von 2007

* 80. Bajramaj, ** 74. M. Müller

Systemwechsel
Bereits Ende der 1990er Jahre führte Tina Theune-Meyer bei der Frauen-Nationalmannschaft die Viererkette ein und schaffte damit den Libero ab. Die vier Mittelfeldspielerinnen verteilten sich in der Regel als Raute: eine zentral defensiv (2003: Wiegmann), eine zentral offensiv (2003: Lingor), zwei auf den Außenbahnen rechts und links. Vorne kamen zwei Stürmerinnen zum Einsatz. Später folgte dann die Umstellung auf zwei defensive Mittelfeldspielerinnen („Doppelsechs"), drei offensive Mittelfeldspielerinnen und eine Stoßstürmerin (4-2-3-1). In der Männer-Nationalmannschaft wurde dieses System erstmals bei der EM 2008 angewandt.

Deutschland war zum zweiten Mal auf dem WM-Gipfel! Und auf dem Weg dorthin hatten Torfrau Nadine Angerer und ihre Viererkette keinen einzigen Treffer zugelassen. Das war bis dahin noch keinem Team gelungen, auch bei den Männern nicht. Und die Offensivspielerinnen hatten einen ebenso tollen Job erledigt. 21:0 Tore – besser gehts eigentlich nicht.

2009 EM-Titel Nummer 7

Der Gala von 2007 folgte zwei Jahre später die Zugabe. Bei der zehnten Europameisterschaft konnte sich Deutschland zum siebten Mal – und zum fünften Mal in Folge – den Titel sichern. Bundestrainerin Silvia Neid bewies dabei ein gutes Händchen. Im Halbfinale gegen Norwegen geriet Deutschland nach einem Eckball mit 0:1 in Rückstand. Als die Mannschaft dann etwas ratlos wirkte, schickte Neid drei frische Spielerinnen aufs Feld: Simone Laudehr, Célia Okoyino da Mbabi und Lira Bajramaj. Alle drei trafen je einmal, und Deutschland hatte gewonnen.

England, der Endspielgegner in Helsinki, galt als Außenseiter. Es war jedoch zunächst ein ziemlich ausgeglichenes Spiel. Deutschland ging zwar durch Tore von Birgit Prinz und Melanie Behringer in Führung, aber England gelang der Anschlusstreffer und hatte danach sogar die Chance zum Ausgleich. In der zweiten Halbzeit erhöhte Kim Kulig auf 3:1, nur fünf Minuten später kamen die Engländerinnen mit ihrem zweiten Treffer wieder heran. Dann allerdings drehten die deutschen Frauen auf und ließen ihren immer müder werdenden Gegnerinnen keine Chance mehr. Zweimal Inka Grings und erneut Birgit Prinz erhöhten auf 6:2. Der höchste EM-Finalsieg in der Geschichte des Frauenfußballs war perfekt!

Bundestrainerin Silvia Neid 2009 mit dem neuen EM-Pokal. Sie konnte die EM bereits als Spielerin und Assistenz-Trainerin gewinnen.

EUROPA- UND WELTMEISTERINNEN 1989 bis 2009 (1)

Torfrau Marion Isbert 1989 mit dem EM-Pokal.

Beim ersten Länderspiel Deutschlands im November 1982 hütete die 18-jährige **MARION ISBERT,** damals noch unter ihrem Mädchennamen Feiden, das Tor der DFB-Auswahl. Die nur knapp 1,70 Meter große Torhüterin überzeugte mit Reaktionsschnelligkeit, mutigen Paraden, gutem Stellungsspiel und Fangsicherheit. Sie konnte aber noch viel mehr. Beim TuS Ahrbach spielte sie meist im Angriff und erzielte dabei auch viele Tore. Kein Wunder also, dass „die fliegende Hausfrau aus Ahrbach" auch Elfmeter schießen konnte – so wie auf dem Weg zum EM-Titel 1989.

Bereits im Alter von fünf Jahren lief **SILVIA NEID** dem Ball hinterher. Zwischen 1986 und 1996 war sie als „weiblicher Lothar Matthäus" der große Star des TSV Siegen, mit dem sie Titel in Serie holte. Die technisch versierte und torgefährliche Mittelfeldspielerin erzielte in 111 Länderspielen zwischen 1982 und 1996 48 Tore. Viele Jahre trug sie auch die Kapitänsbinde. Bemerkenswert: Seit sie 1982 mit 18 Jahren ihr Debüt beim ersten Länderspiel gab, war sie – als Spielerin, Co-Trainerin und Bundestrainerin – an allen bis heute errungenen EM- und WM-Titeln beteiligt!

Als **MARTINA VOSS** 1983 mit dem KBC Duisburg den DFB-Pokal der Frauen gewann, war sie gerade mal 15 Jahre alt. Die offensive Mittelfeldspielerin entwickelte sich danach zu einer der besten und erfolgreichsten Spielerinnen in der Geschichte des deutschen Frauenfußballs überhaupt. Von 1984 bis 2000 trug die zweimalige „Fußballerin des Jahres" in 125 Spielen das Nationaltrikot und war in dieser Zeit an allen großen Erfolgen maßgeblich beteiligt. Nach dem Ende ihrer Karriere feierte sie – nun als Martina Voss-Tecklenburg – als Trainerin des FCR Duisburg

Vierfache Europameisterin: Bettina Wiegmann.

„ICH GLAUBE NICHT, DASS WIR MIT RÖCKCHEN RUMLAUFEN MÜSSEN. FUSSBALL IST NUN MAL EIN SPIEL, IN DEM VIEL GEGRÄTSCHT WIRD UND MAN AUCH MAL KONTAKT MIT DEM GEGNER HAT. WIR WOLLEN NICHT DURCH KLEIDUNG AUFFALLEN, SONDERN WIR WOLLEN DURCH UNSEREN SPORT AUFFALLEN, UNSERE LEISTUNG, DIE WIR BRINGEN."

Bettina Wiegmann

Ganz entspannt: Martina Voss und Doris Fitschen.

weitere Erfolge, 2012 wurde sie Nationaltrainerin der Schweiz.

Die sagenhaft treffsichere **HEIDI MOHR**, die als Kind von ihren vier Brüdern im Fußball herausgefordert wurde, machte mit ihren Toren das Örtchen Niederkirchen bundesweit bekannt. Zwischen 1991 und 1995 war sie ununterbrochen deutsche Torschützenkönigin und erzielte dabei 136 Treffer. Insgesamt bestritt die Torjägerin bis 1996 104 Länderspiele, in denen sie 83 Tore schoss. 1999 wurde Heidi Mohr zu „Europas Fußballerin des Jahrhunderts“ gewählt.

DORIS FITSCHEN, die Vorzeige-Fußballerin der 1990er Jahre, trug als „Libera“ das Trikot mit der Nummer 5 und wurde als „weiblicher Beckenbauer“ gefeiert. Nach titelreichen Bundesliga-Jahren hatte sie 2001 auch in der US-amerikanischen Frauen-Profiliga Erfolg. Mit der Nationalmannschaft, für die sie 144 Spiele bestritt, gewann sie drei EM-Titel, 1989 war sie beste EM-Spielerin. 2009 wurde sie zum „weiblichen Bierhoff“, nämlich Managerin der Frauen-Nationalmannschaft.

Die spielstarke Mittelfeldspielerin **BETTINA WIEGMANN** brachte es mit 154 Länderspielen als erste Nationalspielerin auf mehr Einsätze als der Rekordnationalspieler Lothar Matthäus. Ihren letzten Einsatz hatte die vierfache Europameisterin im siegreichen WM-Finale von 2003. Die erste Ehrenspielführerin der Frauen-Nationalmannschaft, die fast ihre gesamte Karriere in Brauweiler verbrachte, ist heute im Nachwuchsbereich des DFB als Trainerin tätig.

Heidi Mohr auf dem Weg zum EM-Titel 1989.

Nationalmannschafts-Kapitänin Silvia Neid im Jahr 1995. Damals trugen die Frauen noch Männertrikots.

EUROPA- UND WELTMEISTERINNEN 1989 bis 2009 (2)

Sandra Minnert

Maren Meinert

Erst im Alter von 16 Jahren entschied sich **SILKE ROTTENBERG** für den Posten zwischen den Pfosten – und wurde dennoch zu einer Weltklasse-Keeperin. 15 Jahre lang stand die athletische und extrem willensstarke Torfrau in insgesamt 126 Spielen im deutschen Tor. 2008 beendete sie im Alter von 36 Jahren ihre titelreiche Karriere. Größter persönlicher Erfolg der Bundeswehr-Sportsoldatin, deren Paraden oft so kraftvoll und dynamisch aussahen wie die eines männlichen Top-Keepers, war die Wahl zu weltbesten Torhüterin im Jahr 2003.

Taktische Disziplin und nie versiegende Kampfkraft galten als Markenzeichen der Weltklasse-Abwehrspielerin **SANDRA MINNERT**. In ihrer 15 Jahre andauernden Länderspielkarriere kam die Defensiv-Spezialistin bis 2007 zu 147 Einsätzen und gewann zwei WM- und vier EM-Titel. Mit den beiden Frankfurter Vereinen FSV und 1. FFC sammelte die gelernte Zahnarzthelferin insgesamt zwölf Titel, zudem wurde sie US-Meisterin. Auch die offensive Mittelfeldspielerin **MAREN MEINERT** war nach Titelgewinnen mit dem FCR Duisburg 2003 in den USA erfolgreich. Im selben Jahr beendete die Weltmeisterin ihre Karriere, heute ist sie Trainerin im Nachwuchsbereich des DFB.

Als Präsidentin des Organisationskomitees bei der Fußball-Weltmeisterschaft der Frauen 2011 in Deutschland war die 111-fache Nationalspielerin **STEFFI JONES** allgegenwärtig. Die heutige DFB-Direktorin für Frauenfußball, die in Frankfurt als Tochter eines US-Soldaten und einer deutschen Mutter aufwuchs, feierte mit dem 1. FFC Frankfurt und etlichen anderen Vereinen – sie galt als „Wechselkönigin der Bundesliga“ – Erfolge in allen Wettbewerben. Mit der Nationalmannschaft war die umsichtige Abwehrchefin bei drei EM-Turnieren sowie bei der WM 2003 erfolgreich.

Renate Lingor und Torhüterin Silke Rottenberg beim Training mit Gummibändern.

Die spätere Europa- und Weltmeisterin **RENATE LINGOR** begann ihre Bundesliga-Karriere 1989 beim SC Klinge Seckach. Acht Jahre lang blieb sie dem kleinen Verein treu, obwohl sie ständig von anderen Klubs umworben wurde. Erst 1997 wechselte „Idgie“ zur SG Praunheim, dem späteren 1. FFC Frankfurt, wo sie bis 2008 in Bundesliga und Pokal 14 Titel holte. Die technisch starke Regisseurin und studierte Sportwissenschaftlerin glänzte mit Übersicht, kreativen Dribblings und punktgenauen Pässen, zudem war sie eine gefürchtete Freistoßschützin.

Die Mittelfeldspielerin **PIA WUNDERLICH**, die von 1996 bis 2006 zum Stamm der Nationalelf zählte, erlernte das Fußballspiel zusammen mit ihrer Schwester Tina in der Jungenmannschaft des TuS Schwarzenau. Torgefährlich, schnell und ballgewandt, sammelte sie mit dem 1. FFC Frankfurt Titel am Fließband.

Die Karriere der **NIA KÜNZER** steht trotz 16 Vereinstiteln mit dem 1. FFC Frankfurt ganz im Zeichen eines Tores: dem „Golden Goal“ per Kopf im Finale der Weltmeisterschaft 2003, das Deutschland den Titel bescherte. Dieses letzte „Golden Goal“ in der Fußballgeschichte war erst das zweite und zugleich letzte Länderspieltor der Mittelfeldspielerin. 2006 erklärte sie nach mehreren Kreuzbandrissen ihren Rücktritt.

Auf stolze 191 Einsätze in der Nationalmannschaft brachte es die Weltklasse-Verteidigerin **KERSTIN STEGEMANN**. Die mehrfache Welt- und Europameisterin war eine allseits anerkannte Führungsspielerin. 2008 fügte die Berufssoldatin ihrer Titelsammlung einen weiteren hinzu: Militär-Weltmeisterin im Frauenfußball.

Steffi Jones über Fußball

„Fußball war meine Rettung. Dort habe ich gelernt, was Respekt und Verantwortung bedeuten.“

„Das war schon immer mein Kindheitstraum: Trikot anziehen, rausgehen, Nationalhymne wird gespielt und dann Gänsehaut pur.“

„Ich glaube, dass wir dem Fußball schon eine weibliche Note geben können.“

„Ich hätte nie gedacht, dass es Menschen gibt, die von mir Autogramme wollen.“

Steffi Jones bei der EM 2001.

Nia Künzer präsentiert die Trophäe für die „Mannschaft des Jahres“, die das Frauen-Nationaltream 2003 erhielt.

EUROPA- UND WELTMEISTERINNEN 1989 bis 2009 (3)

Der deutsche Frauenfußball war für viele Jahre vor allem mit einem Namen verbunden. **BIRGIT PRINZ**, die erfolgreichste Fußballspielerin der Welt, beherrschte alle Schlagzeilen und Statistiken. Die Titel- und Erfolgsrekorde der Mittelstürmerin, die bereits im Alter von 15 Jahren in der Bundesliga debütierte, sind kaum aufzuzählen: dreifache Weltfußballerin, achtfache „Fußballerin des Jahres“ in Deutschland (2001 – 2008), zwei WM- und fünf EM-Titel, 19 nationale und drei internationale Vereinstitel – um nur einige zu nennen. Mit ihren 128 Länderspieltoren ist die viermalige Bundesliga-Torschützenkönigin die erfolgreichste Tormaschine des DFB, die Männer inbegriffen, Rekordnationalspielerin (214 Einsätze) ist sie sowieso. Kein Wunder also, dass Birgit Prinz 2003, nachdem sie zur besten Spielerin des WM-Turniers gewählt worden war, sogar von einem Männerklub, dem AC Perugia aus Italien, ein Angebot erhielt, das sie allerdings ablehnte. Sie war das Aushängeschild des deutschen Frauenfußballs, es gab sie sogar als Barbie-Puppe. 2011 führte Birgit Prinz die DFB-Auswahl auch bei der WM 2011 als Kapitänin an. Leider musste die inzwischen diplomierte Sportpsychologin ihre Karriere auf der Ersatzbank und ohne Titelgewinn beenden.

Elegant: Birgit Prinz.

Als ein nur 1,63 Meter großer „Krümel“ bildete **SANDRA SMISEK** in den 1990er Jahren beim FSV Frankfurt zusammen mit der kraftvollen Brigit Prinz ein unwiderstehliches Offensivduo. Die quirlige Stürmerin, die 1996 mit 29 Treffern jüngste Torschützenkönigin wurde, war zwischen 1997 und 2007 an allen Erfolgen der Nationalmannschaft beteiligt.

Bereits mit 15 Jahren spielte **ARIANE HINGST** in der 1. Frauenmannschaft des Berliner Vereins Hertha Zehlendorf. Ab 1996 war sie als Abwehrchefin und Gute-Laune-Garant in 174 Spielen der Nationalmannschaft dabei. 2007 wurde die Kämpferin in das All-Star-Team der WM gewählt. Danach erhielt sie einen Vertrag beim schwedischen Spitzenklub Djurgarden. Bei ihrem letzten WM-Turnier 2011 war sie nur noch als Ersatzfrau dabei.

Ariane Hingst durfte in der Nationalelf auch mal die Kapitänsbinde tragen.

Die knapp 1,80 Meter große **KERSTIN GAREFREKES** ging viele Jahre zuverlässig und schnörkellos für den FFC Heike Rheine auf Torejagd. Nachdem die damalige Stadtinspektorin 2003/04 Torschützenkönigin geworden war, wechselte sie zum 1. FFC Frankfurt, mit dem sie etliche Titel holte. Gegen Ende ihrer Karriere war die kopfballstarke Stürmerin eine der wichtigsten Nationalspielerinnen. Im August 2011 beendete sie als Doppel-Welt- und Doppel-Europameisterin ihre DFB-Laufbahn.

Als erfolgreichste Torjägerin der Bundesliga-Geschichte – 353 Tore in 271 Spielen für den FCR Duisburg und sechsmalige Torschützenkönigin – präsentierte die schlitzohrige **INKA GRINGS** ihre Schusskraft natürlich auch in der Nationalmannschaft. Mit 64 Treffern in 96 Spielen ist die zweifache EM-Torschützenkönigin, die 2011 ihre DFB-Karriere beendete, hinter Heidi Mohr die torgefährlichste deutsche Nationalspielerin aller Zeiten.

Die aus Halle stammende **CONNY POHLERS** verbrachte den größten Teil ihrer Karriere beim 1. FFC Turbine Potsdam, wo sie zweimal Torschützenkönigin wurde. Als sie 2011 zum dritten Mal die meisten Tore in der Bundesliga schoss, war sie bereits im Trikot des 1. FFC Frankfurt auf Titeljagd. Die Rekordspielerin der U21-Nationalmannschaft (30 Einsätze) bildete vor allem in ihren Vereinsteams ein gefährliches Duo mit der flinken **PETRA WIMBERSKY**. Beide erwiesen sich als Spezialistinnen dafür, in einem Spiel gleich mehrfach zu treffen.

Über Birgit Prinz

„Birgit Prinz sieht gut aus, hat einen tollen Körper, und als Fußballerin ist sie sehr tüchtig."
Luciano Gaucci, Ex-Präsident des AC Perugia, der Birgit Prinz für das Männerteam verpflichten wollte

„Du warst kraftig, stürmisch, fast ein wenig grob. Dein Spiel war nicht immer schön, aber ehrlich. Und es passte zu dir. Du warst eben keine Barbie."
Die Wochenzeitung Die Zeit *zum Abschied von Birgit Prinz*

„Birgit passte noch nicht einmal in die größte Größe, die wir hatten. Deswegen wurden für sie Trikots nachbestellt."
Kerstin Stegemann über Birgit Prinz' Probleme, als die bis dahin üblichen Männertrikots durch kleinere Frauentrikots ersetzt wurden

Kopfballstark: Kerstin Garefrekes.

Dynamik und Technik: Inka Grings zieht ab.

„DAS KONNTEN WIR NICHT TESTEN – LEIDER. ICH KONNTE MEINE MANNSCHAFT NICHT ANWEISEN, IN RÜCKSTAND ZU GEHEN."

Silvia Neid zur Frage, warum ihr Team, das in der Vorbereitung keinen einzigen Gegentreffer kassiert hatte, nicht das Aufholen eines Rückstandes trainiert habe

Da war die Welt noch in Ordnung: Vereinter Jubel nach dem 4:2 durch Célia Okoyino da Mbabi gegen Frankreich im letzlen Spiel der Vorrunde.

2011 Kein Glück bei der Heim-WM

„Dritte Plätze sind was für Männer" – so hatten die deutschen Spielerinnen auf Werbeplakaten für die erste Frauenfußball-WM in Deutschland gespottet. Die deutschen Männer waren 2006 und 2010 jeweils nur Dritter geworden. Die Frauen, die natürlich zu den Top-Favoritinnen zählten, wollten es nun bei der Heim-WM 2011 besser machen. Im Eröffnungsspiel am 26. Juni 2011 zwischen Deutschland und Kanada gab es mit 73.680 Besuchern im ausverkauften Berliner Olympiastadion einen neuen europäischen Zuschauerrekord für ein Fußballspiel der Frauen. Etwa 18 Millionen Zuschauer saßen vor dem Bildschirm. Deutschland siegte unspektakulär 2:1 und gewann auch das nächste Spiel gegen Nigeria etwas mühevoll mit 1:0. Erst beim 4:2 gegen die starken Französinnen konnte die DFB-Elf die hohen Erwartungen der Fans erfüllen. Nun waren sich alle sicher, dass die Nationalelf ihrem Rekord von 15 WM-Spielen ohne Niederlage noch weitere hinzufügen würde. Doch im Viertelfinale tat sie sich schwer gegen die ballsicheren und kombinationsfreudigen Japanerinnen. Die regulären 90 Minuten blieben torlos, es gab Verlängerung. Das Drama begann in der 108. Spielminute: Die überragende Spielmacherin Homare Sawa spielte einen ihrer gefürchteten tödlichen Pässe, und Karina Maruyama vollstreckte aus spitzem Winkel. Es war ein schönes Tor, bei dem die deutsche Torfrau Nadine Angerer, die „Titanin" von 2007, allerdings nicht ganz glücklich aussah.

Auch nach diesem 0:1 wollte kaum einer der Zuschauer an die Möglichkeit eines Ausscheidens denken – doch es blieb das einzige Tor bis zur 120. Minute.

Das Aus im Viertelfinale, das schlechteste Abschneiden Deutschlands seit

Im Spiel gegen Nigeria musste Birgit Prinz vorzeitig vom Feld. Die Enttäuschung ist ihr ins Gesicht geschrieben. Der Abgang bedeutete das Ende der 17 Jahre währenden Karriere der erfolgreichsten deutschen Fußballerin.

Einführung der WM 1991, war zur schrecklichen Wahrheit geworden. Kein Wunder, dass Bundestrainerin Silvia Neid anschließend in die Kritik geriet. Sie hatte Birgit Prinz nach zwei schwachen Auftritten aussortiert und im entscheidenden Spiel auf eine übervorsichtige Taktik gesetzt.

Enttäuschung nach dem Aus gegen Japan: Melanie Behringer versucht, Simone Laudehr zu trösten.

Japan erstmals Weltmeister

Die Japanerinnen, die sich mit einem 3:1 gegen Schweden für das Finale qualifizierten, trafen dort auf die Amerikanerinnen. Diese waren im Viertelfinale gegen Brasilien erst im Elfmeterschießen weitergekommen, hatten dann aber beim 3:1 gegen Frankreich im Halbfinale eine überzeugende Vorstellung abgeliefert. Die athletischen US-Girls galten in ihrem dritten WM-Endspiel als klarer Favorit.

Tatsächlich gestalteten sie die ersten 45 Minuten überlegen und erarbeiteten sich zahlreiche Torchancen. Als Alex Morgan in der 69. Minute endlich der Führungstreffer gelang, schien alles gelaufen. Doch die Japanerinnen, die bis dahin kaum gefährlich waren, schlugen in der 81. Minute durch Aya Miyama zurück. In der Verlängerung warfen die US-Girls noch einmal alles nach vorne, und die bärenstarke Abby Wambach, das „Strafraumbiest", köpfte in der 104. Minute eine Morgan-Flanke zur erneuten Führung ein. War das die Entscheidung? Nein – die tapfer kämpfenden und toll kombinierenden Japanerinnen konnten noch einmal zurückschlagen. Die fantastische Spielmacherin Homare Sawa lenkte einen Eckball artistisch mit der Hacke zum 2:2 ins Tor. Wenig später pfiff die deutsche Schiedsrichterin Bibiana Steinhaus ab. Im Elfmeterschießen gewannen schließlich die Japanerinnen dank zweier Paraden ihrer Torhüterin Ayumi Kaihori mit 3:1. Die Freude der kleinen Asiatinnen über ihren ersten WM-Titel war riesengroß.

Prämie verpasst
1989 hatten die deutschen Spielerinnen für den EM-Gewinn ein Kaffeegeschirr erhalten. 2003 war der erste WM-Titel 15.000 Euro wert gewesen, der zweite 2007 bereits 50.000 Euro. 2011 hätten sich die Spielerinnen 60.000 Euro schnappen können – wenn sie denn gewonnen hätten. Zum Vergleich: Für den WM-Titel 2006 hätten die deutschen Männer eine Prämie von 300.000 Euro kassiert.

Kaum zu halten: Homare Sawa nach ihrem Treffer zum 2:2 im Finale gegen die USA. Die Japanerin war mit fünf Treffern erfolgreichste Torschützin der WM, erhielt zudem als beste Spielerin des Turniers den Goldenen Ball und wurde später zur Weltfußballerin gewählt.

Ins Finale schafften es erneut die USA und Japan. Die Amerikanerinnen nahmen erfolgreich Revanche für die WM-Niederlage. Vor der neuen europäischen Rekordkulisse von 80.203 Zuschauern im Londoner Wembley-Stadion – nur das WM-Finale 1999 zwischen den USA und China hatten mehr Zuschauer gesehen – ging das US-Team durch zwei Treffer von Carli Lloyd bis zur 53. Minute mit 2:0 in Führung. Der Potsdamerin Yuki Ogimi gelang neun Minuten später nur noch der Anschlusstreffer.

2012 Keine Deutschen bei Olympia

Bei Olympischen Spielen war Deutschland seit dem ersten Medaillengewinn 2000 auf Bronze abonniert. 2004 in Athen hatte das Neid-Team nach einer 1:2 Halbfinalniederlage gegen die USA das „kleine Finale“ gegen Schweden mit 1:0 gewonnen. 2008 in Peking hatte die deutsche Elf im Halbfinale ein bitteres 1:4 gegen die Ballkünstlerinnen aus Brasilien hinnehmen müssen, sich dann aber mit einem 2:0 gegen Japan immerhin noch Bronze gesichert. In London 2012 war Deutschland wegen der Niederlage gegen Japan im Viertelfinale der WM nun gar nicht dabei. Um sich zu qualifizieren, hätte man das Halbfinale erreichen müssen – so wie Frankreich und Schweden, die neben Gastgeber Großbritannien die drei europäischen Startplätze belegten.

Steffi Jones, die Organisatorin der WM 2011, wurde nach dem Turnier Direktorin für Frauen-, Mädchen- und Schulfußball beim DFB.

2012 Mühelose Qualifikation für die EM

Das WM-Turnier war das letzte für die bisherigen Stammspielerinnen Birgit Prinz, Ariane Hingst, Kerstin Garefrekes und Inka Grings. Dennoch startete die verjüngte deutsche Nationalelf erfolgreich in die Qualifikation zur EM 2013 in Schweden. In der Qualifikations-Gruppe 2 gab es keinerlei Probleme, ja das deutsche Team steigerte sich teilweise in einen Spielrausch. Bereits nach acht von zehn Spielen stand die Teilnahme an der EM fest. Insgesamt gab es lediglich ein einziges Unentschieden, alle anderen Spiele wurden deutlich gewonnen. Gegen Kasachstan gelang ein toller 17:0-Rekordsieg, auch die Türkei wurde zweistellig mit 10:0 geschlagen. In einem tollen Team ragte die traumwandlerisch treffsichere Torjägerin Célia Okoyino da Mbabi noch heraus. Sie setzte sogar zweimal hintereinander einen Viererpack (beim 5:0 gegen Spanien und beim 6:0 gegen die Schweiz) ins gegnerische Netz. So war es keine Überraschung, dass die Stürmerin in Deutschland zur „Fußballerin des Jahres“ gewählt wurde.

2013 Favorit Deutschland

Das gewonnene Endspiel von 2009 war für die deutsche Frauen-Fußballnationalmannschaft bereits das 26. ohne Niederlage beendete EM-Spiel in Folge! Sie ist daher natürlich auch beim EM-Turnier in Schweden Favorit, wo sie es in der Gruppe B mit Norwegen, den Niederlanden und Island zu tun hat. Ziel ist das Endspiel am 28. Juli in der Friends Arena in Solna. Fest steht: Selbst ohne einen weiteren Titel wird Deutschland noch für lange Zeit und mit großem Abstand Rekord-Europameister bleiben!

17:0!
Jubel ohne Ende:
Am 19. November 2011 gelang der deutschen Elf beim EM-Qualifikationsspiel in Wiesbaden gegen Kasachstan ein Rekordsieg. Die Treffer erzielten Okoyino da Mbabi, Popp (je 4), Peter (3), Laudehr, Müller (je 2) sowie Behringer und Bajramaj.

Bei den Frauen hat Spanien keine Übermannschaft. Am 31. März 2012 besiegten die deutschen Frauen die Spanierinnen in der EM-Qualifikation mit 5:0. Hier trifft Célia Okoyino da Mbabi zum 4:0.

Künftig mehr EM-Teilnehmer
Bei der EM 2013 treten wie bisher zwölf Teams in drei Gruppen mit jeweils vier Mannschaften gegeneinander an. Die Gruppenersten und -zweiten erreichen sicher das Viertelfinale, dazu kommen die zwei punktbesten Gruppendritten. Bei der nächsten EM 2017 gilt dieser Modus nicht mehr, da das Teilnehmerfeld dann auf 16 Mannschaften erhöht wird. Auch bei den bisher mit 16 Teams ausgetragenen Weltmeisterschaften wird es mehr Teilnehmer geben. Bereits zur WM 2015 in Kanada werden 24 Mannschaften anreisen.

Die STARS von HEUTE (1)

Defensive

Nadine Angerer im Oktober 2011. Nach dem Rücktritt vieler verdienter Stars nach der WM 2011 war sie die einzige Spielerin mit mehr als 100 Einsätzen und übernahm die Kapitänsbinde.

Die Torhüterin **NADINE ANGERER**, die ihre Karriere in Nürnberg begann und dann in Potsdam Titel sammelte, zählt zu den bekanntesten deutschen Spielerinnen überhaupt. Bereits seit 1996 ist sie Nationalspielerin, jedoch war sie lange Zeit nur die Nummer 2 hinter Silke Rottenberg. Aber „Natze" zeigte sich ehrgeizig und trainierte oft mit Männern, um sich zu verbessern. Ihre große Stunde kam bei der Weltmeisterschaft 2007 in China, als sie erstmals die Nummer 1 zwischen den Pfosten war. Die reaktionsschnelle Fränkin zeigte super Paraden und ließ in keinem WM-Spiel ein Gegentor zu. Klar, dass die unerschrockene Frau zur besten Ballfängerin gewählt wurde. Bei der Heim-WM 2011 in Deutschland lief es für die inzwischen zum 1. FFC Frankfurt gewechselte Torfrau weniger toll. Als Nadine Angerer verletzt ausfiel, war die junge **ALMUTH SCHULT** vom SC 07 Bad Neuenahr in den Qualifikationsspielen für die EM 2013 eine ausgezeichnete Stellvertreterin. Die 1,80 Meter große Keeperin des deutschen U20-Weltmeisterteams von 2010 hielt ihren Kasten vier Spiele in Folge sauber. Mit der erfahrenen **KATHRIN LÄNGERT** vom FC Bayern München, die als Duisburgerin bereits den Women's Cup gewinnen konnte, sowie der jungen **LISA WEIß** von der SGS Essen stehen weitere Klasse-Torhüterinnen bereit.

Die Diplom-Sportwissenschaftlerin **ANNIKE KRAHN** wagte 2012 zusammen mit ihrer Nationalmannschafts-Kameradin Linda Bresonik den Wechsel zu Paris St. Germain in Frankreich. 2004 hatte sie als Weltmeisterin der Juniorinnen beim Bundesligisten FCR Duisburg eine erfolgreiche Vereinskarriere gestartet. Bei der WM 2007 schaffte die wuchtige Abwehrspielerin – Spitzname: „Schlachtross" – den Durchbruch. 2011 bildete sie zusammen mit „Flash" **SASKIA BARTUSIAK**, ebenfalls eine diplomierte Sportwissenschaftlerin, die Innenverteidigung. Die strohblonde Abwehr- und Mittelfeldspielerin, die zweimal mit dem 1. FFC Frankfurt den Europacup gewann, überzeugt mit gutem Überblick und sicherem Aufbauspiel. Bei der WM 2011 wurde sie als einzige deutsche Spielerin neben Kerstin Garefrekes in das All-Star-Team gewählt.

Seit vielen Jahren als rechte Außenverteidigerin gesetzt ist die langjährige Potsdamerin **BABETT PETER**, genannt „Hulk". 2007 konnte die nie verzagende athletische Kämpferin ihren ersten großen Erfolg feiern, als sie als beste Nachwuchsspielerin ausgezeichnet wurde. 2012 wechselte die Bundeswehr-Sportsoldatin, die seit ihrer Kindheit an einer teilweisen Lähmung der Gesichtsmuskulatur leidet, zum Konkurrenten 1. FFC Frankfurt. Dorthin zog

es im selben Jahr auch ihre Potsdamer Vereinskameradin **BIANCA SCHMIDT**, die in der Nationalmannschaft schon oft als Rechtsverteidigerin eingesetzt wurde. Ihre Zweikampfstärke hat sich die in Gera mit zwei älteren Brüdern aufgewachsene „Bibi“ bereits in jungen Jahren angeeignet, als sie bis zur B-Jugend als einziges Mädchen in Jungs-Mannschaften kickte. Zu ihren größten Erfolgen zählen der EM-Titel 2009 mit der A-Nationalmannschaft sowie der Gewinn der U20-WM 2010.

Weitere Alternativen in der Defensive sind die drei Wolfsburgerinnen **VERENA FAIßT**, eine 58 Kilo leichte Linksfüßerin, **LUISA WENSING**, eine zweifache Junioren-Europameisterin, und **JOSEPHINE HENNING**, eine Ex-Potsdamerin und Champions-League-Siegerin. Auch **LEONIE MAIER**, die 2013 von Bad Neuenahr zum FC Bayern wechselte, gilt als Abwehr-Talent mit Zukunft.

Die deutsche Abwehrreihe beim Aufwärmen im Training. V.l.n.r.: Annike Krahn, Babett Peter, Bianca Schmidt, Saskia Bartusiak.

Die STARS von HEUTE (2)

Mittelfeld

Die „Doppelsechs“ – also die beiden zentralen Mittelfeldspieler vor der Abwehr, die sowohl defensive als auch offensive Aufgaben haben – spielt im modernen Fußball ein entscheidende Rolle beim Umschalten von Abwehr auf Angriff und umgekehrt. In der Nationelf heißt dieses wichtige Duo oft Laudehr / Kulig.

Ihr sportliches Talent hat **SIMONE LAUDEHR** von ihrer aus Rumänien stammenden Mutter Doina, die eine sehr gute Leichtathletin war, geerbt. Nach dem Gewinn des WM-Titels 2004 mit der U19 wechselte die Mittelfeldspielerin, die ihre Fußballkarriere in Bayern begann, zum FCR Duisburg. 2007 wurde sie Fußballweltmeisterin in Shanghai und ist seitdem als athletische, lauf- und zweikampfstarke Antreiberin eine feste Größe. Die robuste und nervenstarke U20-Weltmeisterin **KIM KULIG** hat ihr Lebensmotto „Mut und Leidenschaft“ auf den linken Arm tätowiert. Die blondgelockte Defensiv- und Aufbauspielerin war das Aushängeschild des Hamburger SV, bis sie 2011 zum 1. FFC Frankfurt wechselte. Wenn „Simon“ oder „Coolig“ (beides englisch gesprochen) einmal durch Verletzungen ausfallen, steht guter Ersatz aus dem Kader des VfL Wolfsburg bereit. **LENA GOEẞLING**, U19-Weltmeisterin von 2004, besticht mit Kampfkraft und Überblick. 2012 erzielte sie beim 3:0-Sieg im EM-Qualifikationsspiel gegen Rumänien ihr erstes Länderspieltor. Die spiel- und schussstarke **NADINE KEẞLER** wurde 2010 noch im Trikot von Potsdam Champions-League-Siegerin. Im Februar 2013 überzeugte sie beim 3:3 im Testspiel gegen Frankreich nicht nur in der Defensive, sondern auch als zweifache Torschützin.

Ein Mittelfeld-Ass mit großer Erfahrung ist **VIOLA ODEBRECHT**. Die konditionsstarke Ex-Schwimmerin, die bereits seit 2003 zum Kader der Nationalelf gehört, läuft nach vielen erfolgreichen Jahren mit den Potsdamer Turbinen seit 2012 ebenfalls im Trikot der „Wölfinnen“ auf.

Die linke Außenbahn wird in der Nationalmannschaft seit 2005 meist von einem Kraftwürfel namens **MELANIE BEHRINGER** beackert. Die im Schwarzwald aufgewachsene „Mel“ begann ihre Karriere beim SC Freiburg. Über den FC Bayern München landete sie beim 1. FFC Frankfurt, mit dem sie 2011 den DFB-Pokal gewann. Es war der erste nationale Vereinstitel für die Welt- und Europameisterin, die wegen ihrer enormen Schusskraft vor allem bei Freistößen gefürchtet wird.

Lauf- und zweikampfstark: Simone Laudehr.

„WIR RASIEREN UNS DIE BEINE, DIE NICHT.“
Melanie Behringer zum Unterschied zwischen Frauen- und Männerfußball

„MAU.“
Melanie Behringer auf die Frage, wie es mit ihrer Fanpost aussieht

Viola Odebrecht

Svenja Huth

Melanie Behringer bei einem ihrer gefürchteten Hammer-Schüsse.

Sehr flexibel einsetzbar ist die beidfüßig ballgewandte **LINDA BRESONIK**. Sie kann als rechte Außenverteidigerin, aber auch im Mittelfeld spielen. 2001 wurde die flinke Technikerin bereits Europameisterin mit der A-Nationalmannschaft, um im Jahr darauf mit der U19 nochmals einen EM-Titel zu holen. Die Groß- und Außenhandelskauffrau, die neben den Weltmeisterschaften 2003 und 2007 noch zahlreiche weitere Titel gewann, gilt als unbequeme Spielerin. Sowohl in der Nationalelf wie bei ihren Vereinen FCR Duisburg und SC 07 Bad Neuenahr gab es Knatsch.

Die junge **SVENJA HUTH** vom 1. FFC Frankfurt durchlief ab der U15 sämtliche Auswahlmannschaften des DFB und gewann 2010 die U20-WM. Im Oktober 2011 gab die offensive Mittelfeldspielerin, die auch als Stürmerin eingesetzt werden kann, in einem Testländerspiel gegen Schweden ihr Debüt in der A-Nationalmannschaft.

Kim Kulig zieht ab.

Linda Bresonik in Aktion.

Die STARS von HEUTE (3)

Offensive

Im Jahr 1992 siedelte **FATMIRE BAJRAMAJ**, die von allen nur „Lira" gerufen wird, mit ihrer Familie aus dem Kosovo nach Deutschland über. Bereits als 15-Jährige stürmte die balltechnisch außergewöhnlich gewandte, manchmal etwas zu eigensinnige Offensivspielerin erfolgreich für die DFB-Juniorinnen. Mit Duisburg und Potsdam gewann sie sämtliche Vereinstitel, 2007 im DFB-Trikot den WM-Titel. Das inzwischen für den 1. FFC Frankfurt kickende, stets perfekt geschminkte Glamourgirl des Frauenfußballs stieg vor der WM 2011 zum Werbe- und Medienliebling auf – was ihren Leistungen auf dem Platz nicht unbedingt guttat.

ANJA MITTAG aus Chemnitz, beste deutsche Nachwuchsspielerin des Jahres 2005, feierte mit Turbine Potsdam große Erfolge und errang im DFB-Trikot sowohl mit der U19-Auswahl wie mit der A-Nationalmannschaft die höchsten Titel. Weil die geradlinige Torjägerin eine Weile Ladehemmung hatte, wurde sie von Bundestrainerin Silvia Neid nicht für den Kader der WM 2011 nominiert. In den Qualifikationsspielen zur EM 2013 war Mittag, die inzwischen für den schwedischen Erstligisten LdB FC Malmö Tore schießt, jedoch wieder dabei.

CÉLIA OKOYINO DA MBABI wurde 1988 in Bonn als Tochter eines Kameruners und einer Französin geboren. 2004 holte sie als 16-Jährige mit der deutschen U19 in Thailand den WM-Titel. Kurz darauf gab die immer fröhliche Stürmerin ihr Debüt in der A-Nationalmannschaft, mit der sie 2009 die EM gewann. 2012 wurde die Torjägerin des SC 07 Bad Neuenahr zur „Fußballerin des Jahres" gewählt. Ihre tolle Schusstechnik stellte „Momo" im Frühjahr 2012 in vier Länderspielen hintereinander unter Beweis, als sie insgesamt 14-mal ins Netz traf.

MARTINA MÜLLER erwies sich oft als perfekter Joker. Viele ihrer

Elegant am Ball: Lira Bajramaj.

Perfekte Schusshaltung: Anja Mittag.

„DIE JUNGS HABEN MICH IMMER AUSGELACHT UND GESAGT: WIR NEHMEN KEINE MÄDELS. BIS ICH DANN DOCH MAL MITSPIELEN DURFTE UND SO GUT WAR, DASS DIE JUNGS AM NÄCHSTEN TAG GESTRITTEN HABEN, BEI WEM ICH IN DER MANNSCHAFT SPIELE."

Lira Bajramaj über ihre Anfänge als Fußballspielerin

37 Länderspieltore erzielte die Doppel-Europa- und Doppel-Weltmeisterin als Einwechselspielerin. So wie etwa im September 2012 gegen die Türkei, als sie in der 65. Minute ins Spiel kam und noch drei Treffer zum 10:0 beisteuerte. Kurz darauf beendete die 32-jährige Stürmerin des VfL Wolfsburg überraschend ihre zwölf Jahre und 101 Spiele währende Nationalmannschaftskarriere.

Seit 2012 ist **ALEXANDRA POPP**, die vom FCR Duisburg kam, ihre Vereinskameradin. Stets mutig drauflosstürmend, hat die junge Torjägerin bereits etliche Erfolge errungen: Europameisterin 2008 mit der U17-Nationalmannschaft, Weltmeisterin, Torschützenkönigin (10 Treffer) und beste Spielerin bei der U20-WM 2010.

DZSENIFER MAROZSÁN, 1992 in Budapest geboren, hat ungarisches Feuer im Blut und eine eingebaute Torgarantie in ihren Füßen: Bei den Juniorinnen traf die U20-Weltmeisterin von 2010 durchschnittlich in jedem Spiel. In der Bundesliga trifft sie bereits seit August 2007, zunächst im Trikot des 1. FC Saarbrücken. 2011 gewann sie mit dem 1. FFC Frankfurt den DFB-Pokal. Im Februar 2012 gelang ihr gegen die Türkei das erste Tor für die A-Nationalmannschaft. Auch die ein Jahr jüngere Würzburgerin **LENA LOTZEN** bestand 2012 ihre ersten Bewährungsproben in der A-Nationalmannschaft. Die U19-Europameisterin von 2011 gewann 2012 im Trikot des FC Bayern München den DFB-Pokal.

„WENN MAN UNS BEI EINEM FOTOSHOOTING ODER PRIVAT SIEHT, SIND WIR DEFINITIV KEINE MANNSWEIBER."
Martina Müller

Immer mutig drauflos stürmend: Alexandra Popp.

Hatte zuletzt viel Grund zum Jubeln: Célia Okoyino da Mbabi, die Fußballerin des Jahres 2012.

FRAUEN-FUSSBALL WELTWEIT

10
20
1
GERMAN
WOMEN'S W
CUP

Frauenfußball in Europa (1)

„DASS SCHWEDISCHE NATIONALSPIELERINNEN GUT SIND, HABE ICH GEWUSST. ABER IRGENDWIE WAR MIR NICHT GANZ KLAR, WO SCHWEDEN ÜBERHAUPT LIEGT."
Brasiliens Star Marta, die 2004 nach Schweden zu Umea IK wechselte

Im hohen Norden ist es im Winter kalt und lange dunkel. Dort kann man eigentlich nur von April bis Oktober Fußball im Freien spielen. Trotzdem zählen die Mannschaften aus Skandinavien traditionell zu den stärksten im Frauenfußball. Denn in diesen Ländern haben sich die Frauen schon früher als im Süden ihre Gleichberechtigung erkämpft.

DÄNEMARK war vor allem in der Frühzeit des Sports in den 1970er Jahren eine Klasse für sich, verlor dann aber seine Spitzenposition. Bei Europameisterschaften erreichte Dänemark in den 1990er Jahren zweimal einen 3. Platz und konnte dabei 1993 auch die deutsche Elf mit 3:1 besiegen.

Die erfolgreichste europäische Frauen-Nationalmannschaft nach Deutschland ist die aus **NORWEGEN**. Sie stand bereits fünfmal in einem EM- und zweimal in einem WM-Finale. Als einzige Mannschaft überhaupt gewann sie die Europameisterschaft (1987 im Finale gegen Schweden 2:1, 1993 im Finale gegen Italien 1:0), die Weltmeisterschaft (1995 im Finale gegen Deutschland 2:0) sowie das olympische Fußballturnier (2000 im Finale gegen die USA 3:2 n.V.). Zuletzt ließen die Leistungen der Norwegerinnen jedoch nach. Auch im Europokal zählen die besten Vereine aus der norwegischen Liga „Toppserien" – Kolbotn IL, Fortuna Hjoerring, Trondheims-Orn – nicht mehr zu den Spitzenteams. Berühmteste Fußballerin und Rekord-Nationalspielerin ist **Hege Riise** (188 Spiele / 58 Tore zwischen 1990 und 2004). Die Mittelfeldspielerin errang den EM- und den WM-Titel sowie den Olympiasieg. Als erste Frau wurde sie 1995 Norwegens „Fußballer (!) des Jahres". 2003 wurde sie zur besten norwegischen Fußballspielerin aller Zeiten gewählt.

Die Nationalmannschaft aus **SCHWEDEN** holte sich 1984 den ersten Europameistertitel im Finale gegen England (1:0, 0:1, 4:3 i.E.) und wurde dreimal Zweiter. 2003 wurde Schweden auch Vizeweltmeister.

Die 1988 gegründete schwedische Frauenfußball-Liga „Damallsvenskan" gilt neben der deutschen Bundesliga als die stärkste Liga Europas. Rekordmeister ist Djurgarden Damfotboll. International erfolgreicher war der Verein Umea IK, der bereits zwei-

Hege Riise ist die berühmteste Fußballerin Norwegens.

Am 5. Juni 2004 überrollte das schwedische Team aus Umea im Finale des Women's Cup den 1. FFC Frankfurt mit 5:0. Hier ist Steffi Jones (links) im Duell gegen Umeas Brasilianerin Marta.

mal (2003 und 2004) den Women's Cup gewinnen konnte. Finalgegner 2004 war der 1. FFC Frankfurt. Die Frankfurterinnen, die im Vorjahr bereits im Halbfinale an Umea gescheitert waren, hatten in den beiden Endspielen keine Chance. In Stockholm unterlagen sie mit 0:3. Umeas Superstar, die Brasilianerin Marta, brillierte mit sensationellen Tricks und Pässen und erzielte zwei Treffer gleich selbst. Das Rückspiel wurde noch blamabler. Der 1. FFC ging sang- und klanglos mit 0:5 unter.

Eine der berühmtesten schwedischen Spielerinnen ist die spätere Trainerin der USA, **Pia Sundhage**. Die Stürmerin war beim ersten EM-Gewinn Schwedens 1984 dabei und erzielte in 146 Länderspielen 71 Tore. Seit Dezember 2012 trainiert sie die schwedische Nationalmannschaft. Die treffsichere **Hanna Ljungberg**, 2003 drittbeste Spielerin der Welt, ist mit 39 Treffern Rekord-Torschützin im Europacup, Mittelfeld-Ass **Therese Sjögran** ist mit 182 Einsätzen bis 2012 Rekord-Nationalspielerin. Aktueller Top-Star ist die Torjägerin **Lotta Schelin**, zweifache schwedische „Fußballerin des Jahres" und zweifache Gewinnerin der Champions League mit Olympique Lyon (2011, 2012).

Schönheitsmilch Malmö

Die skandinavischen Klubs führen seltsame Kürzel. IK (Idrottsklubb) und IL (Idrettslag) entsprechen dem deutschen „Sportverein". Auch die Namen haben eine Bedeutung. Der Verein Djurgarden ist in der Nähe des Tiergartens von Stockholm angesiedelt. Ganz speziell ist das Kürzel LdB. Es bezieht sich auf ein Produkt des Kosmetikunternehmens Hardford AB, das den Frauenverein aus dem schwedischen Malmö 2007 übernommen hat. Gemeint ist „Lait de Beauté", was so viel bedeutet wie „Schönheitsmilch".

Lotta Schelin ist der derzeitige Star der Schweden.

September 2012: Gerührt nimmt die einstige schwedische Top-Spielerin Pia Sundhage Abschied von der amerikanischen Nationalmannschaft, die sie viele Jahre als Nationaltrainerin betreute.

Frauenfußball in Europa (2)

Zu den Pionieren des Frauenfußballs in Europa gehörte **ITALIEN**. In früheren Jahren zählte die italienische

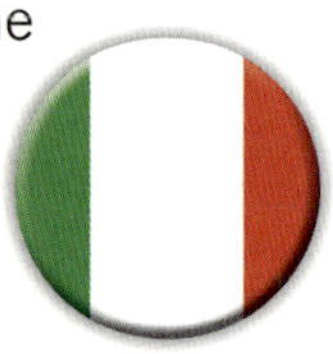

Nationalmannschaft, die schon 1969 die erste inoffizielle Europameisterschaft gewann, zu den stärksten überhaupt. Später reichte es zwar zu keinem Titel mehr, aber die Italienerinnen waren bei allen bisherigen Europameisterschaften dabei und wurden zweimal Vize-Europameister (1993, 1997). **Patrizia Panico**, Stürmerin und Kapitänin der italienischen Nationalmannschaft, wurde 2010 mit ihrem 151. Länderspiel Rekordnationalspielerin ihres Landes. Ihre Vorgängerin war die berühmte **Carolina Morace**, die es zwischen 1978 und 1999 im italienischen Nationaltrikot auf 105 Treffer brachte. In Vereinsspielen traf die „Tigerin" insgesamt über 500-mal. Als beste Klubs in der „Serie A calcio femminile" erwiesen sich in den letzten Jahren jeweils die, bei denen die Torjägerin Panico unter Vertrag stand: Bardolino Verona und Sassari Torres. Der größte Erfolg im Europokal war bisher eine Halbfinal-Teilnahme.

In **FRANKREICH** wird bereits seit 1974 eine Frauenfußball-Meisterschaft ausgetragen. Zu den besten Vereinen der heutigen „Division 1 Féminine" zählen Olympique Lyon, HSC Montpellier, Juvisy FCF und Paris St. Germain. Olympique Lyon gewann 2011 als erster französischer Verein die Champions League und konnte diesen Erfolg ein Jahr später wiederholen. 2011 schlugen die konditions- und zweikampfstar-

Carolina Morace, die erste berühmte Spielerin Italiens, als Fußball-Model.

Kuriose Ergebnisse im Europacup

Die Spielstärke der Teams im Europacup war vor allem in der ersten Saison 2001/02 extrem unterschiedlich. Die führenden Klubs aus Deutschland, England, Frankreich oder den skandinavischen Ländern erzielten manch kurioses Ergebnis. Zum Beispiel gewann der 1. FFC Frankfurt mit 18:0 gegen den armenischen Meister College Sports Club Eriwan. 2003/04 wurde wegen der großen Leistungsunterschiede eine Vorrunde für die schwächeren Teams eingeführt.

Olympique Lyon gewann 2012 wie bereits im Vorjahr die Champions League.

ken Französinnen im Endspiel Turbine Potsdam mit 2:0. 2012 scheiterte Turbine Potsdam im Halbfinale an Lyon, dafür stand der 1. FFC Frankfurt nach einem Halbfinalsieg gegen Arsenal London im Endspiel. Doch die Frankfurterinnen machten es nicht besser als im Jahr zuvor die Potsdamerinnen. Am 17. Mai 2012, zwei Tage vor dem in der Allianz-Arena angesetzten Männer-Finale FC Bayern gegen Chelsea, verloren sie vor der neuen Vereinsspiel-Rekordkulisse von 50.212 Zuschauern im Olympiastadion von München gegen Olympique mit 0:2.

Die französische Nationalmannschaft hat bislang keine ganz großen Erfolge zu verzeichnen, trotz Spitzenspielerinnen wie der Linksverteidigerin **Sonia Bompastor** oder der Regisseurin und Rekord-Nationalspielerin **Sandrine Soubeyrand**.

Jubel mit Schuh: Kelly Smith freut sich über ihr Tor im Vorrundenspiel gegen Japan bei der WM 2007. Ganz ähnlich jubelte zwei Jahre später übrigens Barcelonas Superstar Messi im Finale der Champions League.

Die Fußballerinnen aus **ENGLAND**, die bereits zweimal das Finale einer Europameisterschaft erreichten (1984, 2009), wurden in den letzten Jahren noch spielstärker. Im Vereinsfußball hat die „FA Women's Super League" gegenüber den führenden Ligen in Schweden und Deutschland aufgeholt. 2007 gewann der Serienmeister Arsenal Ladies FC den Women's Cup mit einem 1:0-Finalsieg gegen das schwedische Team von Umea. Arsenal wurde damit zum ersten Verein überhaupt, der sowohl im Männer- als auch im Frauenfußball einen Europapokal gewonnen hat. Bekannteste Spielerin dieser Mannschaft war **Kelly Smith**, die Rekordtorschützin der englischen Nationalelf und Nummer 3 bei der Wahl zur weltbesten Spielerin 2009.

Während die Nationalmannschaft von **RUSSLAND** bislang noch keine Bäume ausgerissen hat, sind die Vereine der „Russian Supreme Division" nicht zu unterschätzen. Der FK Rossiyanka aus dem nahe Moskau gelegenen Krasnoarmeisk und Swesda 2005 Perm haben im Europapokal bereits gute Leistungen gezeigt. Perm schaffte es 2009 sogar bis ins Finale, blieb dort allerdings gegen den FCR Duisburg chancenlos.

WM-Viertelfinale 2011: Vollen Einsatz zeigt Frankreichs Linksverteidigerin Sonia Bompastor (vorne) gegen Englands Alex Scott.

Frauenfußball in Nord- und Mittelamerika

Deutsche Spielerinnen in den USA
In der amerikanischen Profiliga WUSA versuchten sich zwischen 2001 und 2003 auch mehrere deutsche Nationalspielerinnen, unter anderen Doris Fitschen (Philadelphia), Steffi Jones, Jennifer Meier und Sandra Minnert (Meister mit Washington Freedom), Maren Meinert und Bettina Wiegmann (Boston Breakers) sowie Birgit Prinz (Meister mit Carolina Courage). Fitschen und Prinz wurden 2001 bzw. 2002 zur wertvollsten Spielerin der Liga gewählt, Meinert gewann diese Auszeichnung 2003 und erreichte zudem die meisten Scorerpunkte (Tore und Vorlagen).

Die Nationalmannschaft der **USA** ist mit zwei WM-Titeln (1991, 1999), vier Olympiasiegen (zuletzt 2012) und sechs Siegen beim Gold Cup (entspricht in Amerika dem EM-Titel) die erfolgreichste Mannschaft der Welt. In den USA wurde bereits zweimal in stets vollen Stadien die Fußball-Weltmeisterschaft der Frauen veranstaltet. 1999, als die Amerikanerinnen selbst gewannen, wurde im Finale von Pasadena mit 90.185 Besuchern die bisher höchste Zuschauerzahl bei einem Frauenfußball-Spiel erreicht.

In den USA ist Frauenfußball sehr beliebt. Während „American Football" ein Männersport ist, gilt „Soccer" (so heißt hier der Fußball) geradezu als Frauensportart. Nahezu die Hälfte der Aktiven im Fußball sind hier Frauen. An allen High Schools und Colleges haben Mädchen und junge Frauen die Möglichkeit, Fußball zu spielen und regelmäßig zu trainieren. 2001 wurde die erste professionelle Frauenfußball-Liga gegründet (Women's United Soccer Association/WUSA). Sie musste allerdings nur zwei Jahre später aufgrund finanzieller Probleme wieder aufgelöst werden. 2009 startete mit der „Women's Professional Soccer" (WPS) eine neue Profiliga. Aber auch bei der WPS gab es bald Schwierigkeiten mit der Finanzierung, in der Saison 2012 fand kein Spielbetrieb statt.

Viele Spielerinnen der amerikanischen Nationalmannschaft stiegen zu Stars des Frauenfußballs auf, manche wurden sogar zu Werbe-Millionärinnen.

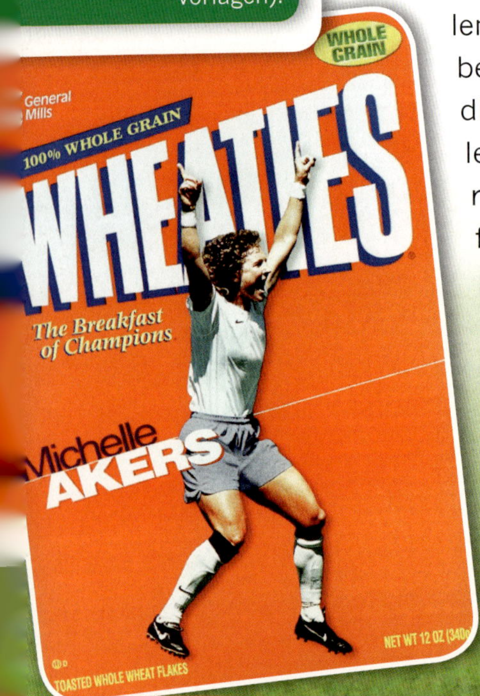

Werbung für Frühstücksflocken: Michelle Akers stieg bei der WM 1991 zum ersten weiblichen Weltstar des Frauenfußballs auf und gewann im Jahr 2000 die FIFA-Wahl zur „Spielerin des Jahrhunderts".

Die zweimalige Weltfußballerin Mia Hamm für die USA am Ball (2003).

Die besten Sprüche von Mia Hamm

„Manche Leute sagen, ich sei die beste Fußballspielerin der Welt. Ich denke das nicht. Und deswegen könnte ich vielleicht eines Tages die beste sein."

„Wahre Champions sind nicht immer die, die gewinnen, sondern die mit dem meisten Mumm."

„Auch wenn du dir Knie und Ellbogen abschürfst, ist es das wert, wenn du ein spektakuläres Tor erzielst."

Torhüterin Hope Solo und Stürmerin Abby Wambach freuen sich über Olympia-Gold 2012.

Die schöne **Mia Hamm**, die zwischen 1987 und 2004 in 275 Spielen die Rekordzahl von 158 Toren erzielte, ist bis heute die berühmteste amerikanische Fußballspielerin. Sie gewann zwei WM-Titel (1991, 1999) sowie zwei Goldmedaillen bei Olympia (1996, 2004) und wurde zweimal als Weltfußballerin ausgezeichnet. Nicht in der Zahl der Tore, aber in der Zahl der Länderspiele wird sie von der fünffachen WM-Teilnehmerin **Kristine Lilly** sogar noch übertroffen: sagenhafte 352-mal trat sie zwischen 1987 und 2010 an. Bei der Wahl zur weltbesten Spielerin schaffte sie es unter die ersten drei.

Die Stürmerin **Michelle Akers**, die zwischen 1985 und 2000 in 153 Länderspielen 105 Tore erzielte, wurde im Jahr 2000 in einer FIFA-Wahl als „Spielerin des Jahrhunderts" geehrt. Bei der WM 2011 in Deutschland, als die Amerikanerinnen die Vizeweltmeisterschaft errangen, wurde die muskulöse **Abby Wambach** als zweitbeste Spielerin mit dem „Silbernen Ball" ausgezeichnet. **Hope Solo** erhielt den „Goldenen Handschuh" als beste Torhüterin. Wambach landete später auch noch auf Platz 3 bei der Wahl zur Weltfußballerin. Das hatten einige Jahre zuvor Tiffeny Milbrett (2001) und Shannon Boxx (2005) ebenso geschafft.

Die Nationalmannschaft **KANADAS**, des WM-Gastgebers 2015, wurde zuletzt immer stärker. Angeführt von der Ausnahmestürmerin **Christine Sinclair** konnten die Kanadierinnen 2010 den Gold Cup, die Kontinent-Meisterschaft in Nord- und Mittelamerika, durch einen 1:0-Sieg im Finale gegen **MEXIKO** gewinnen. Im Halbfinale hatten die Mexikanerinnen überraschend die USA mit 2:1 ausgeschaltet. Die Mexikanerinnen haben oft schön klingende Namen – wie zum Beispiel die erfahrene Abwehrspielerin Luz del Rosario Saucedo –, an der Spitze aber können sie dauerhaft noch nicht mithalten.

Weltmeister 1999: Die Mannschaft der USA im vollen Stadion von Pasadena.

Frauenfußball in Südamerika und Afrika

Die Spielstärke der Teams aus Südamerika ist sehr unterschiedlich. Die meisten können international nicht mithalten, der Frauenfußball steht fast überall noch deutlich im Schatten des Männerfußballs. So hat etwa **ARGENTINIEN** eine große Tradition im Männerfußball, ist aber im Frauenfußball noch nicht wirklich konkurrenzfähig. Bei der WM 2007 verloren die Argentinierinnen das Eröffnungsspiel mit 0:11 gegen Deutschland.

Mit Abstand die stärkste südamerikanische Mannschaft ist **BRASILIEN**. Die Brasilianerinnen waren seit 1991 bei allen Weltmeisterschaften und Olympischen Spielen dabei. Einmal waren sie Vizeweltmeister (2007), und zweimal konnten sie bei Olympia die Silbermedaille gewinnen (2004, 2008). Viele der besten Spielerinnen waren oder sind bei Spitzenklubs in Europa und Nordamerika unter Vertrag. Die unheimlich schnelle, kampf-, schuss- und dribbelstarke Ballkünstlerin **Marta** ist wohl die berühmteste Fußballspielerin überhaupt. Zwischen 2006 und 2010 wurde sie fünfmal nacheinander zur „Weltfußballerin des Jahres“ gewählt. Sie stammt aus einfachen Verhältnissen und verließ im Alter von 14 Jahren ihren Heimatort, um in Rio de Janeiro bei Vasco da Gama eine Fußballkarriere zu starten. Ihren Durchbruch schaffte die mit gefährlichen Pässen und tollen Schüssen glänzende Spielmacherin und Stürmerin beim schwedischen Spitzenklub Umea IK, dem sie sich als 18-Jährige anschloss. Zwischen 2004 und 2008 schoss sie den Verein zu vier schwedischen Meistertiteln und einem Sieg im Women's Cup. Für Umea erzielte Marta 111 Tore in 103 Spielen, auch in der Nationalmannschaft übertrifft ihre Trefferzahl die der Einsätze. Nach ihr die bekannteste brasilianische Spielerin ist die torgefährliche **Cristiane**. Sie ging zeitweise auch in der Bundesliga für Turbine Potsdam und den VfL Wolfsburg auf Torejagd.

Marta und Cristiane, die Stars Brasiliens.

Genoveva Anonma aus Äquatorialguinea bejubelt einen ihrer 22 Treffer, die sie in der Bundesliga-Saison 2011/12 für Potsdam erzielte.

„ICH KANN MICH GERN VOR JEDEM SPIEL AUSZIEHEN."
Genoveva Anonma zu dem Vorwurf, sie sei in Wahrheit ein Mann

Jung und eigentorgefährlich
Die jüngste WM-Spielerin aller Zeiten kommt aus Nigeria. Mit 16 Jahren und 34 Tagen kam Ifeanyi Chiejine (*17. Mai 1983) am 20. Juni 1999 bei der Frauen-WM gegen Nordkorea zum Einsatz. Vier Tage später schoss sie im Spiel gegen die USA auch das schnellste Eigentor der WM-Geschichte – in der 2. Minute (Endstand 1:7).

Die beste Nationalmannschaft Afrikas ist seit jeher **NIGERIA**. Die Nigerianerinnen gewannen regelmäßig die Afrikameisterschaft der Frauen und nahmen bisher an allen WM-Turnieren teil. Bis auf 1999, als sie das Viertelfinale erreichten, schieden sie allerdings immer in der Vorrunde aus.

2010 setzte die U20 der Nigerianerinnen ein Ausrufezeichen, als sie es bei der U20-WM in Deutschland bis ins Finale schaffte. Im nordeuropäischen Spitzenfußball sind die Afrikanerinnen begehrt: Im Kader für die WM 2011 standen sieben Spielerinnen, die für einen Verein der schwedischen Liga kickten. 2008 unterbrach **ÄQUATORIALGUINEA** die Siegesserie Nigerias und wurde Afrikameister. 2011 war das Team aus dem kleinen westafrikanischen Land, für das viele eingebürgerte Brasilianerinnen antraten, auch bei der WM in Deutschland dabei. Kapitänin **Genoveva Anonma**, die seit 2009 mit großem Erfolg für den FF USV Jena auf Torejagd ging, wechselte nach dem Turnier zu Turbine Potsdam. 2011/12 holte sich die Offensivspielerin mit 22 Treffern als erste ausländische Spielerin der Bundesliga-Geschichte die Torjägerkanone.

Spektakulär: Die Brasilianerin Leah ist eine der wenigen Spielerinnen weltweit, die den Einwurf per Salto beherrscht. Auf diese Weise kann der Ball noch weiter geworfen werden.

Die Nigerianerinnen sorgten bei der WM 2011 mit ihrer harten Spielweise für Aufregung: Zweikampf zwischen Sarah Michael und Kim Kulig im Vorrundenspiel zwischen Nigeria und Deutschland.

Frauenfußball in Asien

In Asien gab es schon 1968 einen Frauen-Fußballverband. Bereits 1975 wurde in Hongkong mit sechs Teams die erste Asienmeisterschaft veranstaltet. Neben dem olympischen Fußballturnier 2008 fanden zwei Weltmeisterschaften in China statt (1991 und 2007). Als stärkste Nationen im asiatischen Frauenfußball zeigten sich bislang China, Nordkorea und Japan.

Am erfolgreichsten waren zunächst die Frauen aus **CHINA**. Namen wie Pu Wei, Fan Yunjie, Zhao Lihong, Liu Ailing, Wang Liping und Wen Lirong kennt in Europa kaum jemand.

Aber alle diese Spielerinnen waren fußballerisch gut ausgebildet und konnten mit beiden Füßen perfekt den Ball behandeln. Allesamt standen sie 1999 im WM-Finale, wo sie den favorisierten Amerikanerinnen erst im Elfmeterschießen unterlagen. Die Stürmerin **Sun Wen** erzielte bei dem Turnier sieben Treffer und wurde als beste Spielerin des Turniers ausgezeichnet. Bei der Wahl zur Weltfußballerin kam die viermalige WM-Teilnehmerin zweimal unter die besten drei. Die Nachfolgerinnen dieser großen Generation chinesischer Fußballerinnen waren nicht mehr so erfolgreich. Für die WM 2011 in Deutschland sowie für die Olympischen Spiele 2012 konnten sie sich nicht qualifizieren.

Spielstarke Fußballspielerinnen hat auch **NORDKOREA** hervorgebracht.

Die Nordkoreanerinnen, die leider auch schon durch unerlaubtes Doping aufgefallen sind, spielen gut organisiert, aggressiv und mit hohem Tempo. Sie haben von 1999 bis 2011 an allen Weltmeisterschaften teilgenommen, zudem waren sie bei der Asienmeisterschaft erfolgreich. Beim Gewinn des dritten Asien-Titels 2008 wurde die Kapitänin und seit Jahren beste Spielerin **Ri Kum-suk** mit sieben Treffern Torschützenkönigin des Turniers. Im selben Jahr, dem letzten ihrer Karriere, wurde sie zudem als beste Spielerin Asiens ausgezeichnet.

China verlor im WM-Finale 1999 gegen die USA erst im Elfmeterschießen: Hier pariert die amerikanische Keeperin den Elfmeter von Liu Ying.

Riesenjubel: Japan ist Weltmeister 2011!

Die Spielerinnen aus **JAPAN** waren bei den Asienmeisterschaften mehrmals Zweite und Dritte, den Titel holen konnten sie allerdings nie. Für die WM-Turniere qualifizierten sie sich seit 1991 immer, allerdings schieden sie stets früh aus. Umso überraschender war es, dass sie 2011 in Deutschland den Titel holen konnten. Im Weltmeister-Team standen mit **Kozue Ando** (FCR Duisburg), **Yuki Nagasato** (Turbine Potsdam, seit ihrer Hochzeit 2012 Yuki Ogimi) und **Saki Kumagai** (FFC Frankfurt) auch drei Bundesliga-Spielerinnen. Absoluter Star des Teams war aber die brillante Spielmacherin **Homare Sawa**. Die zerbrechlich wirkende kleine Supertechnikerin lenkte und ordnete das Spiel mit perfekten Pässen so elegant und sicher, wie man es sonst nur von den großen Mittelfeldstars des Männerfußballs kennt. Folgerichtig wurde sie nicht nur zur besten Spielerin des Turniers, sondern kurz darauf, als Nachfolgerin Martas, auch zur Weltfußballerin 2011 gewählt.

Die Asienmeisterschaft 2010 gewann **AUSTRALIEN**, das erst wenige Jahre zuvor dem asiatischen Verband beigetreten war. In Australien ist Frauenfußball sehr populär. Die Spielerinnen des Nationalteams haben in Anlehnung an das Volkslied „Waltzing Matilda“ sogar einen liebevollen Spitznamen. Die „Matildas“ halten im Weltfußball immer besser mit. Seit 1995 waren sie bei den Weltmeisterschaften immer dabei, 2007 und 2011 kamen sie jeweils bis ins Viertelfinale.

Nordkoreas Starspielerin Ri Kum-Suk.

Fußball mit Kopftuch

In den muslimisch geprägten Ländern ist die Zahl der Fußball spielenden Frauen zuletzt immer größer geworden. Im Oktober 2010 fand in Bahrain erstmals ein Arabia Cup statt. Jordanien gewann das Endspiel mit 1:0 gegen Ägypten. Auch in Ländern wie Irak, Iran und Pakistan spielen Frauen Fußball. Da sie in den meisten islamischen Ländern aus religiösen Gründen nur mit Kopftuch spielen dürfen, wurde diese Kleidung inzwischen auch für internationale Spiele genehmigt.

Die iranische Nationalmannschaft 2006.

Länder-statistik

Die USA wurden 1991 der erste Weltmeister im Frauenfußball. In der Mitte strahlt Michelle Akers, die im Finale beide Tore zum 2:1 gegen Norwegen erzielte.

WM-ENDSPIELE

1991 (China): USA – Norwegen 2:1
1995 (Schweden): Norwegen – Deutschland 2:0
1999 (USA): USA – China 0:0 n.V. (5:4 i.E.)
2003 (USA): Deutschland – Schweden 2:1 (Golden Goal in Verlängerung)
2007 (China): Deutschland – Brasilien 2:0
2011 (Deutschland): Japan – USA 2:2 n.V. (3:1 i.E.)

WELTMEISTER

2 x Deutschland (2003, 2007), 2 x USA (1991, 1999), 1 x Norwegen (1995), 1 x Japan (2011)

WM-ZUSCHAUER-REKORDE

Meiste Zuschauer: 90.185 (Finale 1999 in Pasadena/USA)
Meiste Zuschauer in Europa: 73.680 (Eröffnungsspiel 2011 in Berlin)
Meiste Zuschauer gesamt: 1999 USA (1.195.215, Schnitt von 37.350 pro Spiel)

WM-TEAMREKORDE

Höchster Sieg: Deutschland – Argentinien 11:0 (2007)
Längste Siegesserie: 10 Spiele (Norwegen 1995 bis 1999).
Längste Serie ohne Niederlage: 15 Spiele (Deutschland 2003 bis 2011).

Eröffnung der WM 2011 im Berliner Olympiastadion. Das anschließende Spiel Deutschland gegen Kanada sahen 73.680 Zuschauer – das ist bis heute Europarekord.

Rekord: Mit 17:0 besiegte die deutsche Nationalmannschaft Kasachstan im November 2011.

EWIGE WM-TABELLE

(Spiele, Tore, Punkte)

1. USA 36 / 98:32, 86
2. Deutschland 32 / 91:31, 72
3. Norwegen 31 / 77:41, 62
4. Schweden 29 / 54:34, 56
5. Brasilien 26 / 55:34, 49
6. China 24 / 48:25, 44
7. Japan 22 / 25:46, 24
8. England 12 / 20:18, 19
9. Kanada 18 / 26:46, 15
10. Australien 17 / 24:39, 13
11. Russland 8 / 16:14, 12
12. Frankreich 9 / 12:13, 11
13. Nordkorea 13 / 12:20, 11
14. Nigeria 19 / 15:50, 11
15. Italien 7 / 11:8, 10
16. Dänemark 14 / 19:26, 10
17. Ghana 9 / 6:30, 4
18. Taiwan 4 / 2:15, 3
19. Mexiko 6 / 4:22, 2
20. Kolumbien 3 / 0:4, 1
21. Neuseeland 9 / 5:26, 1
22. Äquatorialguinea 3 / 2:7, 0
23. Südkorea 3 / 1:11, 0
24. Argentinien 6 / 2:33, 0

EUROPAMEISTER

7 x Deutschland (1989, 1991, 1995, 1997, 2001, 2005, 2009), 2 x Norwegen (1987, 1993), 1 x Schweden (1984)

SÜDAMERIKAMEISTER

5 x Brasilien, 1 x Argentinien

AFRIKAMEISTER

8 x Nigeria, 1 x Äquatorialguinea

NORD- und MITTELAMERIKAMEISTER

6 x USA, 2 x Kanada

ASIENMEISTER

8 x China, 3 x Nordkorea, 3 x Taiwan, 1 x Neuseeland, 1 x Australien

REKORDE DEUTSCHE NATIONALMANNSCHAFT

Höchster Sieg: 17:0 (gegen Kasachstan, 19.11.2011)
Höchste Niederlage: 0:6 (gegen USA, 14.3.1996)

2010 gewann Nigeria bereits zum achten Mal die Afrikameisterschaft.

(Stand: 15.9.2012)

Nationalspielerinnen weltweit

Beste WM-SPIELERIN

1991: Carin Jennings (USA)
1995: Hege Riise (Norwegen)
1999: Sun Wen (China)
2003: Birgit Prinz (Deutschland)
2007: Marta (Brasilien)
2011: Homare Sawa (Japan)

Beste WM-TORSCHÜTZIN

1991: Michelle Akers (USA): 10 Tore
1995: Ann Kristin Aarones (Norwegen): 6 Tore
1999: Sissi (Brasilien), Sun Wen (China): je 7 Tore
2003: Birgit Prinz (Deutschland): 7 Tore
2007: Marta (Brasilien): 7 Tore
2011: Homare Sawa (Japan): 5 Tore

Beste WM-TORHÜTERIN

2003: Silke Rottenberg (Deutschland)
2007: Nadine Angerer (Deutschland)
2011: Hope Solo (USA)

DEUTSCHE REKORD-NATIONALSPIELERINNEN

Meiste Spiele: Birgit Prinz (214), Kerstin Stegemann (191), Ariane Hingst (174), Bettina Wiegmann (154), Renate Lingor (149)

Meiste Tore: Birgit Prinz (128), Heidi Mohr (83), Inka Grings (64), Bettina Wiegmann (51), Silvia Neid (48), Kerstin Garefrekes (43), Martina Müller (37), Renate Lingor, Célia Okoyino da Mbabi (35)

Applaus für eine große Fußballerin: Birgit Prinz bei ihrem Abschiedsspiel im März 2012. Sie ist nicht nur mehrfache Weltfußballerin, sondern auch Rekord-Nationalspielerin und -torschützin. Außerdem hat sie die meisten WM-Tore überhaupt geschossen und war die jüngste Spielerin, die jemals in einem WM-Finale stand.

Meiste Tore in einem Spiel: Michelle Akers (USA), 5 Tore (beim 7:0 gegen Taiwan, 1991)

Meiste Spielminuten: Kristine Lilly (USA), 2.536 Minuten

WELTFUSSBALLERINNEN

2001: Mia Hamm (USA)
2002: Mia Hamm (USA)
2003: Birgit Prinz (Deutschland)
2004: Birgit Prinz (Deutschland)
2005: Birgit Prinz (Deutschland)
2006: Marta (Brasilien)
2007: Marta (Brasilien)
2008: Marta (Brasilien)
2009: Marta (Brasilien)
2010: Marta (Brasilien)
2011: Homare Sawa (Japan)

Meiste Endspielteilnahmen: 3 x Birgit Prinz (Deutschland) – 1995, 2003, 2007

Meiste Spiele: Kristine Lilly (USA), 30 Spiele

Längste Serie ohne Gegentor: Nadine Angerer (Deutschland), 621 Minuten 2007 – 2011

Älteste Spielerin in einem Finale: Christie Rampone (USA), 36 Jahre und 23 Tage (2011)

Jüngste Spielerin in einem Finale: Birgit Prinz (Deutschland), 17 Jahre, 234 Tage (1995)

Absolvierte die meisten WM-Spiele überhaupt: die Amerikanerin Kristine Lilly.

Keine war so oft Weltfußballerin wie sie: Marta mit der Trophäe für die Weltfußballerin 2010.

Mit 36 Jahren und 23 Tagen war die Amerikanerin Christie Rampone 2011 gegen Japan die bis dahin älteste Spielerin in einem WM-Finale.

WM-SPIELERINNEN-REKORDE

Meiste WM-Tore:

1. Birgit Prinz (Deutschland), 14 Tore (1995, 1999, 2003, 2007, 2011)
2. Marta (Brasilien), 14 Tore (2003, 2007, 2011)
3. Abby Wambach (USA), 13 Tore (2003, 2007, 2011)
4. Michelle Akers (USA), 12 Tore (1991, 1999)

(Stand: 13.2.2013)

Tor des Monats

Kim Kulig (links) und Saskia Bartusiak (rechts) jubeln mit Melanie Behringer nach ihrem „Tor des Monats" im September 2009.

September 1974: Bärbel Wohlleben (TuS Wörrstadt) versenkt im ersten offiziellen Endspiel um die deutsche Frauen-Fußballmeisterschaft einen verunglückten Abwehrversuch volley aus 25 Metern.

Juni 1975: Die Jamaikanerin Beverly Ranger (Bonner SC) macht einen Slalomlauf durch die Abwehr von Bergisch Gladbach, umkurvt auf dem Weg zu ihrem Treffer fünf Verteidigerinnen und eine Torfrau. Maradona wird es bei der Männer-WM 1986 gegen England ganz ähnlich machen.

Mai 1988: Silvia Neid (TSV Siegen) verwandelt im Pokalfinale eine Ecke von rechts aus 16 Metern per eingesprungenem Volleyschuss.

Juli 1989: Ursula Lohn tanzt im EM-Finale zwei Norwegerinnen schwindelig und schlenzt ins lange Eck zum 2:0. Endstand 4:1, Deutschland ist erstmals Europameister!

Juli 1991: Mittelstürmerin Heidi Mohr, im Frauenfußball so gefürchtet wie einst bei den Männern Gerd Müller, startet im EM-Finale an der Mittellinie ein Solo, lässt fünf Norwegerinnen stehen und hebt den Ball sanft zum 2:1 ins Netz. Endstand 3:1, Deutschland ist zum zweiten Mal Europameister!

Oktober 1996: Kerstin Elger (Tennis Borussia Berlin) trifft im Spiel gegen Eintracht Rheine per Fallrückzieher ins Tor.

Juni 1999: Im WM-Spiel gegen Mexiko setzt Renate Lingor einen Weitschuss gekonnt zum 5:0 ins rechte obere Toreck (Endstand 6:0).

Juni 2001: Die Torjägerin und Weltfußballerin Birgit Prinz zirkelt den Ball im EM-Vorrundenspiel gegen Russland kunstvoll von der linken Strafraumkante aus zum 2:0 ins rechte Toreck (Endstand 5:0).

Oktober 2003: Nia Künzer versenkt in der 98. Minute des WM-Finales gegen Schweden einen Lingor-Freistoß per wuchtigem Kopfball zum 2:1. Das Spiel ist durch dieses „Golden Goal" entschieden, Deutschland ist erstmals Weltmeister! Das Tor wird später sogar zum „Tor des Jahres" gewählt.

September 2007: Simone Laudehr vollendet im WM-Finale gegen Brasilien nach einem Eckball per Kopf zum 2:0. Deutschland ist zum zweiten Mal Weltmeister!

September 2009: Melanie Behringer hämmert den Ball im EM-Finale gegen England aus 35 Metern zum 2:0 ins Netz. Endstand 6:2, Deutschland ist zum siebten Mal Europameister!

(alle Tore auf www1.sportschau.de)